C000082179

Alexander Goldwein

DAS IMMOBILIEN-PRAXISHANDBUCH FÜR EIGENNUTZER

DIE RICHTIGE STRATEGIE FÜR IMMOBILIENKAUF, IMMOBILIENFINANZIERUNG & NEUBAU

M&E Books Verlag

DAS IMMOBILIEN-PRAXISHANDBUCH
FÜR EIGENNUTZER
Die richtige Strategie für
Immobilienkauf, Immobilienfinanzierung & Neubau
2. Auflage 2018
ISBN (Taschenbuch) 978-3-947201-33-4
ISBN (Gebundene Ausgabe) 978-3-947201-34-1

1. Auflage 2017
IMMOBILIENFINANZIERUNG FÜR EIGENNUTZER
Ratgeber für Kauf, Bau & Kredit
ISBN (Taschenbuch) 978-3-947201-09-9
ISBN (Gebundene Ausgabe) 978-3-947201-10-5

Alexander Goldwein
© 2017-2018 by M&E Books Verlag GmbH, Köln

VORWORT

Die Anschaffung und Finanzierung eines Eigenheims stellen langfristige und weitreichende Weichenstellungen dar. Die meisten Menschen müssen dafür ein Darlehen aufnehmen, das erst nach 20 Jahren oder später vollständig zurückgezahlt ist. In diesem Ratgeber erhalten Sie umfangreiche Informationen und Checklisten für den Kauf einer gebrauchten Immobilie sowie für den Neubau in Eigenregie. Als Bonus ist ein Excel-Rechentool für Immobiliendarlehen verfügbar. Mit dem vermittelten Wissen werden Sie in der Lage sein, die Anschaffung und Finanzierung gut zu organisieren und teure Fehlgriffe zu vermeiden.

Vor dem Hintergrund meiner Erfahrung als Jurist mit einer Spezialisierung im Immobilienrecht sowie als Investor und Banker weiß ich genau, worauf es ankommt und welche Informationen der Erwerber eines Eigenheims benötigt. Ich habe mich fast 20 Jahre lang professionell mit Wohnimmobilien befasst.

Die folgenden Themenblöcke werden behandelt:

- Kauf einer gebrauchten Immobilie
- Kauf einer Neubauimmobilie vom Bauträger
- Kauf eines Grundstückes & Bau in Eigenregie
- Besonderheiten beim Kauf einer Eigentumswohnung
- Kauf in der Zwangsversteigerung
- Strategien für eine intelligente Finanzierung mit Darlehen & Eigenkapital
- Staatliche Förderung des Eigenheimerwerbs (z.B. Wohn-Riester)
- Berechnungstool für Darlehensfinanzierungen

Schließlich werde ich die Grundlagen der Immobilienfinanzierung ausführlich erklären. Sie erfahren, welche verschiedenen Varianten von Immobiliendarlehen es gibt und welche Vor- und Nachteile diese haben. Darüber hinaus finden Sie Beispiele mit konkreten Berechnungen, welche Anschaffungskosten Sie mit Ihrem monatlichen Nettoeinkommen insgesamt stemmen können und welche Kosten mit der Aufnahme eines Darlehens verbunden sind. Ich werde Ihnen außerdem konkret vorrechnen, wie Sie die Zinsbelastung einer Darlehensfinanzierung mit einem möglichst hohen anfänglichen Tilgungssatz und mit Sondertilgungen effizient senken können.

Ein grundlegendes Verständnis der entscheidenden Aspekte eines Immobilienkaufes und der Finanzierung ist auch deshalb unverzichtbar, weil die am Markt tätigen Berater Eigeninteressen erfolgen, die in der Regel nicht deckungsgleich mit Ihren Interessen als Eigenheimerwerber oder Bauherr sind. Es ist daher Vorsicht geboten bei einer „Beratung" durch einen Immobilienmakler oder durch einen Mitarbeiter der Bank. Nur eine solide Informationsgrundlage wird Sie in den Stand versetzen, sich gegen Manipulationen und Einflüsterungen selbsternannter Berater zu immunisieren und auf Augenhöhe mit dem Verkäufer, einem Bauunternehmer oder Bauträger und der Bank zu verhandeln. Wenn Sie dieses Buch sorgfältig gelesen haben, werden Sie in der Lage sein, den Kauf oder Neubau Ihres Eigenheims gut zu organisieren und Schritt für Schritt zum Erfolg zu führen.

Alexander Goldwein

INHALTSVERZEICHNIS

VI. ABSCHLUSS DER VERTRÄGE -------------121

VII. GRUNDLAGEN DES IMMOBILIENRECHTES --------------------- 168

VIII. STEUERRECHTLICHE BEHANDLUNG & STAATLICHE FÖRDERUNG ----------------- 202

IX. BERECHNUNGSTOOL FÜR IMMOBILIENDARLEHEN ------------------- 225

INDEX -------------------------------------- 232

I. FINANZIERUNG DES EIGENHEIMS

Die Finanzierung der Immobilie ist ein sehr wichtiges Thema. Große Bedeutung hat dabei die Finanzierungsstruktur, d.h. die Entscheidung, welchen Anteil der Anschaffungskosten Sie durch Eigenkapital und welchen Anteil Sie durch ein Darlehen finanzieren.

Die Bank ist dabei ein sehr wichtiger Partner für Sie. Denn die Bank ist Ihre Geldquelle, die Ihnen überhaupt ermöglicht, eine Immobilie zu kaufen bevor Sie das notwendige Kapital dafür zusammengespart haben. Ohne eine Bank könnten Sie sich den Traum vom Eigenheim nicht bereits im Alter von 30 bis 35 Jahren erfüllen, sondern erst mit 50 bis 55 Jahren oder noch später. Als Darlehensgeber kommen nicht nur klassische Banken in Betracht, sondern auch Lebensversicherungen und staatliche Förderbanken und die sogenannten Direktbanken ohne eigenes Filialnetz. Direktbanken agieren ausschließlich über ein Internetportal. Eine recht bekannte Adresse ist z.B. die Comdirect Bank AG.

Darüber hinaus gibt es Finanzmakler. Diese bieten nicht selbst eine Finanzierung an, sondern sie vermitteln die Finanzierung zwischen Bank und Eigenheimerwerber. Bekannte Adressen sind u.a. Dr. Klein & Co. AG oder die Interhyp AG. Nach meiner Einschätzung ist es ratsam, nur unabhängige Finanzmakler zu kontaktieren, die für eine Vielzahl von Banken als Vermittler tätig sind. Bei Finanzmaklern, die nicht unabhängig arbeiten, besteht die Gefahr, dass sie nur einen kleinen Ausschnitt der Angebote am Markt vermitteln können. Vorsicht ist geboten, wenn Immobilienmakler Ihnen zusätzlich zur Immobilie eine Darlehensfinanzierung vermitteln wollen. Solche Angebote basieren häufig nicht auf den günstigsten Konditionen und werden über hohe Provisionen für den Makler teurer, die am Ende des Tages natürlich vom Darlehensnehmer bezahlt werden.

1. ERMITTLUNG VON ANSCHAFFUNGSKOSTEN & DARLEHENSBEDARF

Am Anfang Ihrer Überlegungen steht die Frage, wie viel Geld Sie für Ihr Eigenheim ausgeben können und wollen. Daran schließt sich die Frage an, wie Sie die Finanzierung ausgestalten, um das erforderliche Geld aufzubringen. Sie müssen entscheiden, wie hoch der Eigenkapitalanteil gewählt wird und wie hoch der Darlehensanteil. Bevor Sie dazu eine Festlegung treffen können, müssen Sie Klarheit gewinnen, wie viel Geld Sie insgesamt für die Anschaffung der Immobilie benötigen.

a) Anschaffungskosten & Kaufnebenkosten

Zu den Kosten der Anschaffung Ihres Eigenheims gehört selbstredend der zu zahlende Kaufpreis. Darüber hinaus müssen auch die so genannten Kaufnebenkosten finanziert werden. Dazu gehören die Grunderwerbssteuer sowie die Kosten für die notarielle Beurkundung des Kaufvertrages und der Grundschuldbestellung und schließlich die Gerichtskosten für die Eigentumsumschreibung im Grundbuch. Häufig kommen noch Kosten für eine Maklerprovision hinzu, die im Regelfall mit 3,57 % (inklusive Umsatzsteuer) des Kaufpreises zu Buche schlägt. Die Erwerbsnebenkosten machen zusammengenommen einen nicht zu unterschätzenden Kostenblock aus. Ich möchte Ihnen die Erwerbsnebenkosten anhand eines Beispiels konkret vorrechnen.

Beispiel:
Kaufpreis für ein Eigenheim in Nordrhein-Westfalen: € 350.000

Notarkosten (1%)	€ 3.500
Grundbuchkosten (0,5%)	€ 1.750
Grunderwerbsteuer (6,5%)	€ 22.750
Provision Immobilienmakler (3,57 %)	€ 12.495
Summe Erwerbsnebenkosten	€ 40.495

Aus der Summe des Kaufpreises und den Erwerbsnebenkosten ergeben sich die Gesamtkosten für die Anschaffung der Immobilie. In dem Beispiel hätten sich die Gesamtkosten durch die Berücksichtigung von Erwerbsnebenkosten auf € 390.495 erhöht (= € 350.000 + € 40.495). Die Kaufnebenkosten können Sie mit dem als Bonusmaterial verfügbaren Excel-Berechnungstool einfach errechnen. Eine Beschreibung des Tools und die eMail-Adresse für die Anforderung des Downloadlinks finden Sie in Abschnitt IX. dieses Buches.

Wenn die Immobilie in einem renovierungsbedürftigen Zustand gekauft wird, dann müssen Sie natürlich noch weitere Kosten berücksichtigen. Üblicherweise wird eine

Renovierung unmittelbar nach dem Kauf und vor dem Einzug durchgeführt. Diese Kosten müssen daher als Bestandteil der Gesamtfinanzierung für die Anschaffung berücksichtigt werden. Wenn Sie die Immobilie vor dem Kauf von einem Bausachverständigen untersuchen lassen, können Sie bei dieser Gelegenheit auch die Renovierungskosten überschlägig ermitteln lassen, um den Finanzbedarf dafür besser abschätzen zu können.

b) Ermittlung des Darlehensbedarfes

Die zweite entscheidende Zahl ist die Ermittlung des Darlehensbedarfes. Denn nur mit einer konkreten Angabe zur Darlehenshöhe können Sie Angebote für ein Immobiliendarlehen einholen. Die Höhe Ihres Darlehensbedarfes hängt von zwei anderen Zahlen ab, und zwar von der Höhe der gesamten Anschaffungskosten der Immobilie und von der die Höhe des verfügbaren Eigenkapitals. Wenn Sie von den Kosten für die Immobilienanschaffung das verfügbare Eigenkapital abziehen, ergibt sich daraus die Höhe des benötigten Darlehens. Wenn man bei dem obigen Beispiel bleibt und ein Eigenkapital von € 150.000 annimmt, dann ergäbe sich ein Darlehensbedarf in Höhe von € 240.495 (= € 390.495 - € 150.000). Dabei wird unterstellt, dass keine Kosten für Renovierung aufgewendet werden müssen.

Das verfügbare Eigenkapital ergibt sich aus den kurzfristig verfügbaren Geldmitteln, die nicht für andere Ausgaben oder anstehende Investitionen benötigt werden. Dazu zählen Kontoguthaben, aber auch Wertpapiere (z.B. Aktien, Aktienfondsanteile), die Sie kurzfristig zu Geld zu machen können. Es ist wichtig, dass Sie bei der Ermittlung nur freie Geldmittel heranziehen und das Eigenkapital im Zweifel lieber zu niedrig ansetzen. Denken Sie dabei auch an Dinge, die Sie lieber verdrängen wie z.B. die Kosten für eine Autoreparatur oder die Anschaffung eines neuen Autos. Wenn Sie die Höhe des Eigenkapitals zu positiv ermitteln, wird die Errechnung Ihres Darlehensbedarfes zu gering ausfallen. Das führt zur Notwendigkeit einer Nachtragsfinanzierung, die die Banken ungerne machen und sich in der Regel mit einer Konditionenverschlechterung vergüten lassen. Wenn Sie hingegen vorsichtig kalkulieren, sind Sie auf der sicheren Seite und bleiben auch bei einem höheren Finanzbedarf flexibel, weil sie Finanzierungslücken ganz entspannt mit Eigenkapital schließen können.

2. WIE VIEL EIGENHEIM KÖNNEN SIE SICH LEISTEN?

Die oben dargestellten Überlegungen und Berechnungen setzen voraus, dass der Kaufpreis der Zielimmobilie bereits feststeht. Das ist jedoch erst dann der Fall, wenn Sie eine Immobilie gefunden und den Kaufpreis mit dem Verkäufer endverhandelt haben. Aber auch für den Fall, dass Sie noch keine geeignete Immobilie gefunden haben, kann es zur Orientierung hilfreich sein, Überlegungen anzustellen, welchen Kaufpreis Sie maximal aufbringen könnten. Denn erst auf der Grundlage einer solchen Information können Sie gezielt nach geeigneten Immobilien suchen, die zu Ihrer Finanzkraft passen. Daher möchte ich

Ihnen zeigen, wie Sie bei der Berechnung des maximal finanzierbaren Kaufpreises vorgehen müssen.

a) Maximaler Darlehensbetrag

Zunächst müssen Sie den maximalen Darlehensbetrag errechnen, den Sie aus Ihren laufenden Einnahmen bedienen können. Dazu ermitteln Sie das sichere monatliche Nettoeinkommen und ziehen davon Ihre laufenden Kosten ab. Daraus können Sie den freien monatlichen Geldbetrag ableiten, den Sie zur Bedienung eines Darlehens (Zinsen und Tilgung) zur Verfügung haben. Diesen Betrag sollten Sie konservativ ansetzen und im Zweifel lieber zu niedrig als zu hoch. Das ist auch deshalb anzuraten, weil Sie künftige Instandhaltungskosten für Hausreparaturen einkalkulieren müssen, für die Sie als Immobilieneigentümer natürlich selbst verantwortlich sind.

Beispiel:

Monatliches Nettoeinkommen	€ 3.550
- Lebenshaltungskosten	€ 1.600
- Instandhaltungskosten Immobilie	€ 200
Differenz (= freier Betrag)	€ 1.750

Häufig wird der Fehler gemacht, die Instandhaltungskosten zu vergessen, weil der Eigenheimerwerber noch gedanklich in der Welt des Mieters verhaftet ist. Die Höhe der Instandhaltungskosten sollten Sie auf keinen Fall zu niedrig ansetzen. Die korrekten Werte hängen natürlich auch vom Alter und vom Zustand der Immobilie ab. Als

Faustformel können Sie mit den folgenden Werten pro m²
Wohnfläche pro Jahr rechnen: Bei Immobilien bis zu einem Alter von 22 Jahren € 7,10 und bei solchen, die zwischen 22 und 32 Jahre alt sind € 9 und bei noch älteren
Immobilien € 11,50.[1]

Aus dem monatlich frei verfügbaren Betrag für Zins
und Tilgung lässt sich nun nach folgender Formel der maximale Darlehensbetrag errechnen, der bei einem bestimmten Zinssatz und einem bestimmten Tilgungssatz
noch zu schultern ist:

$$\frac{\text{Freies monatliches Einkommen} \times 12}{\text{Darlehenszinssatz} + \text{Tilgungssatz}} = \text{max. Darlehensbetrag}$$

Wenn wir nun mit den obigen Beispielswerten rechnen und einen Darlehenszinssatz von 2% pro Jahr und eine anfängliche Tilgung von 2% pro Jahr unterstellen, ergibt
sich daraus folgende Berechnung:

$$\frac{1.750 \, € \times 12}{2\% + 2\%} = 525.000 \, €$$

Rechnet man hingegen mit einem um 1 % höheren Darlehenszinssatz (= 3% pro Jahr), reduziert sich der maximal
darstellbare Darlehensbetrag bereits erheblich:

---

[1] Ich verweise dazu auf die folgende Internetseite mit
weiterführenden Informationen: https://goo.gl/GA4ztB

$$\frac{1.750 \ € \ \times \ 12}{3\% \ + \ 2\%} = 420.000 \ €$$

Es ist also wichtig, dass Sie bei dieser Berechnung vorsichtig kalkulieren und den Darlehenszinssatz auf keinen Fall zu niedrig ansetzen, weil Sie ansonsten bei einer Zinssatzsteigerung nach Auslaufen der Zinsbindung in Schwierigkeiten geraten würden.

b) Errechnung der maximalen Objektkosten

Aus dem maximalen Darlehensbetrag und Ihrem verfügbaren Eigenkapital können Sie nun den maximal verfügbaren Geldbetrag zum Erwerb einer Immobilie errechnen, indem Sie beide Beträge addieren:

	Eigenkapital
+	**max. Darlehensbetrag**
=	**max. Geldbetrag für Immobilienanschaffung**

Wenn wir bei dem obigen Beispiel bleiben und unterstellen, dass Sie ein Eigenkapital in Höhe von € 150.000 haben, dann ergibt sich daraus folgende Berechnung:

	150.000 € (Eigenkapital)
+	**420.000 € (max. Darlehensbetrag)**
=	**570.000 € (max. Geldbetrag f. Immobilienanschaffung)**

Dieses Ergebnis bedeutet jedoch **nicht**, dass Sie eine Immobilie mit einem Kaufpreis von € 570.000 finanzieren könnten. Denn Sie müssen ja noch die Erwerbsnebenkosten berücksichtigen (Grunderwerbssteuer, Notargebühren, Maklerprovision etc.). Aus dem maximalen Geldbetrag für die Immobilienanschaffung können Sie jedoch leicht den maximal finanzierbaren Kaufpreis ermitteln wenn Sie mit folgender Formel die Erwerbsnebenkosten in die Rechnung einbeziehen:

$$\frac{\text{Max. Geldbetrag f. Anschaffung} \times 100}{100 + 3{,}57 + 6{,}5 + 1{,}5} = \text{max. Kaufpreis}$$

Wenn wir nun mit den obigen Beispielswerten weiterrechnen, ergibt sich daraus folgende Berechnung:

$$\frac{570.000 \times 100}{100 + 3{,}57 + 6{,}5 + 1{,}5} = 510.890\ \text{€}$$

Mit diesem Rechenergebnis hätten Sie für sich eine gute Orientierung gewonnen, dass Sie maximal einen Kaufpreis in Höhe von rund € 511.000 finanzieren können. Ich würde Ihnen jedoch dringend davon abraten, dieses Limit voll auszuschöpfen. Wenn Sie bei den Anschaffungskosten des Eigenheims bis an die maximalen Belastungsgrenzen gehen, erhöhen Sie massiv das Risiko und darüber hinaus die Kosten der Darlehensfinanzierung. Es dürfte ratsamer sein, keine „auf Kante genähte" Finanzierung zu wählen sondern Spielraum einzuplanen, der z.B. für einen von Anfang an höheren Tilgungssatz genutzt werden kann, um die Gesamtzinslast zu drücken und die Darlehenslaufzeit zu verkürzen. Eine höhere Tilgung können

Sie sich jedoch nur leisten, wenn Sie beim Darlehensvolumen nicht an die äußersten Grenzen der Belastbarkeit gehen. Mit einer von Anfang an höheren Tilgung reduzieren Sie zudem Ihr Risiko einer Überlastung bei einer Zinserhöhung nach Auslaufen der Festzinsbindung nach üblicherweise 10 oder 15 Jahren. Denn aufgrund der erhöhten Tilgung beziehen sich die Zinsen dann auf einen erheblich reduzierten Darlehensbetrag. Wie gravierend sich die Höhe der anfänglichen Tilgung auf die Laufzeit einer Finanzierung und auf die Gesamtzinslast auswirkt, können Sie detailliert weiter unten nachlesen.

Darüber hinaus ist es auch deshalb nicht sinnvoll, bei der Auswahl des Eigenheims an die absoluten Belastungsgrenzen zu gehen, weil Sie mit unvorhergesehenen Kosten rechnen müssen. Solche dürfen Sie nicht aus der Bahn werfen. Dieses Risiko besteht jedoch bei einer „auf Kante genähten" Finanzierung. Schließlich wollen Sie sich ja auch bei der Lebenshaltung nicht schmerzhaft einschränken. Auch deshalb ist es sinnvoll, finanziellen Spielraum einzuplanen.

3. EIGENKAPITALANTEIL & KONDITIONEN EINES DARLEHENS

Aus den obigen Überlegungen ergibt sich bereits rechnerisch die Notwendigkeit, die Differenz aus maximal verkraftbarem Darlehensbetrag und den gesamten Anschaffungskosten für das Eigenheim mit Eigenkapital aufzufüllen. Eine Bank wird in der Regel darauf bestehen, dass Sie nicht nur das tun, sondern mehr Eigenkapital beisteuern als rechnerisch mindestens erforderlich ist. Die Bank macht das zur Begrenzung ihres Risikos. Das ist aber auch in Ihrem Interesse, weil die Kosten der Finanzierung steigen, wenn der Darlehensanteil sehr hoch und der Eigenkapitalanteil sehr klein ist. Darüber hinaus steigen Ihre Risiken bei einem zu kleinen Eigenkapitalanteil.

Man könnte formelhaft zusammenfassen, dass das Verhältnis von Darlehensanteil und Eigenkapitalanteil ausgewogen sein muss. Je höher der Eigenkapitalanteil desto besser. Keinesfalls sollten Sie einen Anteil von 20% Eigenkapital an den gesamten Anschaffungskosten (Kaufpreis + Kaufnebenkosten) unterschreiten. Empfehlenswert ist ein deutlich höherer Anteil von 30% bis 40%. Ein hoher Eigenkapitalanteil senkt das Risiko und darüber hinaus die Kosten der Darlehensfinanzierung. Denn er führt zu einem niedrigeren Darlehenszinssatz und ermöglicht, einen höheren anfänglichen Tilgungssatz aus dem laufenden monatlichen Einkommen zu schultern. Wie sich das positiv auf die Gesamtzinslast der Darlehensfinanzierung auswirkt, werde ich Ihnen weiter unten konkret anhand von Beispielen vorrechnen.[2] Es ist daher in Ihrem eigenen Interesse, möglichst viel Eigenkapital in die Finanzierung einzubringen.

Bei der Frage des erforderlichen Eigenkapitalanteils redet auch Ihre Bank ein Wort mit, weil dieser auch Auswirkungen auf das Risiko der Bank hat. Für die Bank sind drei Aspekte besonders wichtig bei der Entscheidung, ob

---

[2] Ich verweise dazu auf den Abschnitt 4. b) in diesem Kapitel.

sie Ihnen ein Darlehen zur Verfügung stellt und (wenn ja) in welcher Höhe und zu welchen Konditionen sie das tut:

- Werthaltigkeit der Immobilie
- Ihr sonstiges Vermögen und Ihre Bonität
- Ihr laufendes Einkommen

Da die Bank das Darlehen mit einer Grundschuld auf der Immobilie absichern lässt, verlangt sie auch Informationen, um sich ein Bild von der **Werthaltigkeit** der Immobilie zu machen. Hier kommt der sogenannte Beleihungswert ins Spiel. Der Beleihungswert ist ein Begriff aus dem Pfandbriefgesetz, der einen Wert für die Bank definiert, der zur Beurteilung des Risikos der Finanzierung herangezogen wird.[3] Es ist der Wert, der erfahrungsgemäß - unabhängig von vorübergehenden, etwa konjunkturell bedingten Wertschwankungen - am maßgeblichen Grundstücksmarkt unter Ausschaltung von spekulativen Elementen während der gesamten Dauer der Beleihung bei einer Veräußerung voraussichtlich sicher erzielt werden kann. Der Beleihungswert liegt unter dem Marktwert und wird durch entsprechende Abschläge vom Marktwert ermittelt. Von dem festgelegten Beleihungswert wird ein maximaler Prozentsatz von der Bank beliehen, der als Beleihungsgrenze bezeichnet wird. Die Beleihungsgrenze liegt - je nach Risikofreudigkeit der Bank - zwischen 60% und 100% des Beleihungswertes. Wenn der Darlehensnehmer eine besonders gute Bonität hat, kann die Beleihungsgrenze auch überschritten werden.

---

[3] Ich verweise dazu auf § 16 Pfandbriefgesetz.

Je höher die Ausschöpfung des Beleihungswertes mit einer Darlehensbelegung ist, desto größer ist das Risiko für die Bank, aus der Verwertung der Immobilie das Darlehen nicht vollständig zurückführen zu können. Daher wird der Darlehenszinssatz durch einen Risikoaufschlag höher, wenn der Beleihungswert zu einem höheren Anteil mit einer Darlehensaufnahme belegt wird. Auch deshalb können Sie vor der Festlegung auf eine bestimmte Immobilie noch keine verbindlichen Angebote von Banken einholen, weil die Bank ihr Darlehensangebot und insbesondere auch die Konditionen des Darlehens stark von der Werthaltigkeit der Immobilie abhängig macht, die ja als Sicherheit dienen muss. Im Vorfeld können Sie lediglich Indikationen für Darlehenskonditionen einholen, die nicht verbindlich sind, aber gleichwohl eine grobe Orientierung bieten können.

Darüber hinaus spielt bei der Finanzierung von Immobilien Ihr laufendes Einkommen eine große Rolle für den von der Bank angebotenen Darlehenszinssatz und für die Bereitschaft der Bank, einen hohen Darlehensanteil des gesamten Finanzierungsbedarfes zur Verfügung zu stellen.

Schließlich wird eine finanzierende Bank vor der Zusage eines Darlehens auch umfangreiche Informationen über Ihre gesamten wirtschaftlichen Verhältnisse einfordern, um Ihre so genannte **Bonität** einzustufen. Das tut die Bank nicht aus Neugier, sondern weil sie gesetzlich dazu verpflichtet ist[4] und weil die Darlehenskonditionen auch von den Vermögensverhältnissen des Darlehens-

---

[4] Siehe § 18 Abs. 2 Kreditwesengesetz (KWG).

nehmers abhängen. Denn der Darlehensnehmer haftet mit seinem gesamten persönlichen Vermögen gegenüber der Bank für das Immobiliendarlehen. Bei Darlehensnehmern mit guter Bonität wird der Zinssatz günstiger, weil der eingepreiste Risikoaufschlag geringer ausfällt während der Zinssatz bei Darlehensnehmern mit schlechter Bonität höher wird.

In diesem Zusammenhang spielen auch Datenbanken mit Informationen über Ihre Zahlungsmoral eine Rolle. Bestimmt haben Sie schon etwas von der SCHUFA gehört. Dort werden jede Menge Daten über Sie gesammelt, die von Banken abgerufen werden zur „Durchleuchtung" potentieller Darlehensnehmer. Sie können die über Sie gespeicherten Daten bei der SCHUFA abfragen, um zu sehen, was dort so alles angelandet ist und zu welchem Ergebnis die SCHUFA bei der Auswertung dieser Daten gelangt ist. Das Ergebnis der Auswertung wird in einer Prozentzahl zusammengefasst, die die Wahrscheinlichkeit abbilden soll, dass Sie Ihre Schulden pünktlich bezahlen. Aufgrund von Stichproben bin ich selbst zu der Einschätzung gelangt, dass die Datenlage der SCHUFA sehr lückenhaft ist und die Einstufungen der SCHUFA mit Vorsicht zu genießen sind. Gleichwohl ist es interessant, zu wissen was man dort über Sie denkt. Denn Sie müssen einkalkulieren, dass Ihre Bank diese Daten der SCHUFA als feststehende Fakten zugrunde legt und nicht weiter hinterfragt.

Wenn Sie nun eine geeignete Immobilie gefunden und die relevanten Unterlagen über Ihre Bonität und über die Immobilie zusammengestellt haben, ist der Zeitpunkt gekommen, um gezielt Angebote einzuholen und nicht mehr nur Indikationen.

Für einen möglichst überzeugenden Auftritt bei Ihrer Bank sollten Sie vor dem ersten Gespräch auf jeden Fall die Unterlagen zusammentragen, die immer benötigt werden. Daher finden nachfolgend eine **Checkliste**, welche Unterlagen die Bank in jedem Fall erwartet:

Unterlagen zum Darlehensnehmer
(1) Einkommensnachweise der letzten 3 Monate (Gehaltsabrechnungen, Rentenbescheid etc.)
(2) Einkommensteuerbescheide der letzten 3 Jahre
(3) Nachweis des vorhandenen Eigenkapitals (z.B. Kontoauszüge, Wertpapierdepotauszüge etc.)
(4) Unterlagen über Bausparverträge und/oder Lebensversicherungen
(5) Beidseitige Kopien der Personalausweise aller Darlehensnehmer
(6) Unterlagen über bereits bestehende Darlehensverbindlichkeiten
Unterlagen zur Immobilie
(1) Grundbuchauszug - nicht älter als 3 Monate
(2) Teilungserklärung (nur für Eigentumswohnungen)
(3) Grundstückskaufvertrag (Entwurf)
(4) Erbbaurechtsvertrag (nur bei Erbbaugrundstücken)
(5) Amtlicher Lageplan (Katasteramt)

(6) Bauzeichnungen, Berechnung umbauter Raum und der Wohnfläche, Baubeschreibung (Bauaufsichtsamt oder Verkäufer)
(7) Aussagekräftige Fotos der Immobilie
(8) Aufstellung durchgeführter Instandhaltungs- und Sanierungsmaßnahmen mit Daten (Wann wurde was gemacht?)
(9) Unterlagen über Gebäudeversicherung
(10) Bauvertrag für die Immobilie und Kostenberechnung des Architekten (nur bei Neubauten)
(11) Baugenehmigung

Darüber hinaus müssen Sie Überlegungen anstellen, welche Anbieter Sie kontaktieren wollen und welches Darlehensvolumen Sie nachfragen wollen. Die verschiedenen Anbieter von Immobiliendarlehen und die Vor- und Nachteile der jeweiligen Darlehensformen werde ich Ihnen in den folgenden Abschnitten detailliert vorstellen.

4. Der Klassiker: Annuitätendarlehen

Das von den Banken am häufigsten vertriebene Darlehensprodukt zur Immobilienfinanzierung stellt das **Annuitätendarlehen** mit Festzinssatzbindung dar. Diese Form der Finanzierung wird von allen Banken, Sparkassen und Direktbanken angeboten. Dabei handelt es sich um ein Darlehen, das mit einer Festzinssatzbindung und einer laufenden Tilgung versehen ist. Es wird mit **gleich bleibend hohen monatlichen Raten** bedient. Diese enthalten sowohl die laufenden Zinsen als auch einen Tilgungsanteil zur Rückführung des Darlehens. In aller Regel wird das

Annuitätendarlehen mit einer erstrangigen Grundschuld besichert. Bei einem solchen Darlehen sind neben dem Darlehensbetrag vier Stellgrößen wichtig:

- Nominalzinssatz in % pro Jahr
- Anfänglicher Tilgungssatz in % des Darlehensbetrages
- Zinsfestschreibungsdauer in Jahren
- Sondertilgungsrechte

Wenn von den Konditionen eines Annuitätendarlehens die Rede ist, dann sollten Sie Ihr Augenmerk auf diese vier Stellgrößen richten, da diese maßgeblich sind für die Kosten eines Darlehens. Aus diesen Eckdaten können alle anderen Kosten und Belastungen berechnet werden. Das gilt insbesondere für die Gesamtzinslast und die Laufzeit des Darlehens bis zur Volltilgung.

a) Nominalzinssatz und Effektivzinssatz

Zunächst möchte ich auf den Darlehenszinssatz zu sprechen kommen, der ja die markanteste Stellgröße darstellt. Wenn Sie sich ein typisches Angebot anschauen, werden Sie feststellen, dass dort mit einem Nominalzinssatz und einem Effektivzinssatz gearbeitet wird. Der **Nominalzinssatz** gibt den Zinssatz an, der auf den Darlehensbetrag für die jeweilige Zinsperiode berechnet wird. Der Nominalzinssatz ist die Größe, mit der Anbieter von Immobilienfinanzierungen ja auch in der Regel werben. Je niedriger der Nominalzinssatz ist, desto günstiger ist eine Finanzierung grundsätzlich.

Die Höhe des Nominalzinssatzes hängt neben der aktuellen Lage an den Finanzmärkten auch von Ihrer persönlichen Bonität und von der Werthaltigkeit der finanzierten Immobilie ab. Darüber hinaus spielt die Ausschöpfung des so genannten Beleihungswertes der Immobilie eine große Rolle für die Höhe des Nominalzinssatzes.

Der **anfängliche effektive Jahreszinssatz** hingegen beziffert den Zinssatz unter Einrechnung von Kosten und unter Berücksichtigung der Tilgungsstruktur. Er wird ebenfalls in Prozent pro Jahr ausgedrückt und ist naturgemäß höher als der Nominalzinssatz. Der effektive Jahreszinssatz ist in der Preisangabenverordnung (PAngV) definiert.

Der Effektivzinssatz sagt Ihnen jedoch noch nichts über die Gesamtzinslast in Euro und die Laufzeit eines Darlehens bis zur vollständigen Tilgung aus. Mit der blanken Zahl eines Effektivzinssatzes können Sie noch nicht viel anfangen. Daher vertrete ich die Auffassung, dass Sie sich mit dem Vergleich des jährlichen Effektivzinssatzes allein nicht zufrieden geben dürfen, sondern die tatsächliche Gesamtzinslast bis zur vollständigen Rückführung des Darlehens berechnen müssen, um wirklich belastbare Zahlen zu bekommen, auf die Sie Ihre Entscheidungen und Ihre Planungen aufbauen können. Nur dieser Ansatz ermöglicht Ihnen, eine Entscheidung zu treffen, die die gesamten Kosten einer Darlehensfinanzierung in den Blick nimmt.

Darüber hinaus sollten Sie auch auf hinreichende Flexibilität in Form von vertraglichen Sondertilgungsrechten achten, um das Darlehen schneller zurückführen zu können, weil das die Gesamtzinslast und damit die Kosten des Darlehens sehr effektiv reduziert. Sie finden das weiter unten mit konkreten Rechenbeispielen belegt.

b) Anfänglicher Tilgungssatz und monatliche Belastung

Der Nominalzinssatz ist jedoch nicht die einzige Stellgröße für die Kosten eines Annuitätendarlehens. Ganz entscheidend für die Gesamtkosten einer Finanzierung ist auch die Höhe der anfänglichen Tilgung. Sie wird mit einem % - Satz der Darlehenssumme festgelegt. Dieser % - Satz wird deshalb als **anfänglicher** Tilgungssatz bezeichnet, weil er nicht konstant bleibt sondern mit fortschreitender Rückzahlung des Darlehensbetrages infolge der gesunkenen Zinslast höher wird.

Die Höhe der monatlich gleich bleibenden Rate ergibt sich aus dem Nominalzinssatz und aus dem anfänglichen Tilgungssatz, der in dem Darlehensvertrag vereinbart worden ist. Für die Berechnung kann folgende Formel verwendet werden:

$$\frac{\text{Darlehensbetrag x (Zinssatz + Tilgungssatz)}}{12} = \text{Monatliche Rate}$$

Beispiel:

Darlehensbetrag	€ 150.000
Nominalzinssatz	2,5% p.a.
Anfänglicher Tilgungssatz	3% p.a.
=> monatliche Rate	€ 687,50

Rechnen wird das gleiche Beispiel mit einem Tilgungssatz in Höhe von 5%, steigt die monatliche Rate erheblich an:

Beispiel:

Darlehensbetrag	€ 150.000
Nominalzinssatz	2,5% p.a.
Anfänglicher Tilgungssatz	5% p.a.
=> monatliche Rate	€ 937,50

Sie sollten bei der monatlichen Rate auf keinen Fall an die Belastungsgrenzen gehen. Sie müssen immer einen Sicherheitspuffer beim monatlichen frei verfügbaren Einkommen einplanen für unvorhergesehene Kosten. Solche Kosten können sich auch aus einer Steigerung des Darlehenszinssatzes nach Auslaufen der ersten Festzinsbindung nach 10 oder 15 Jahren ergeben. Darüber hinaus sollten Sie auf ein ausgewogenes Verhältnis des monatlichen Kapitaldienstes (Zins und Tilgung des Darlehens) zu Ihrem gesamten Einkommen achten. Die Belastungen sollten eine Marke von 50% Ihres gesamten Nettoeinkommens nicht überschreiten. Sonst schränken Sie Ihren finanziellen Spielraum zu stark ein.

Mit fortschreitender Tilgung des Darlehens steigt der anfängliche Tilgungssatz im Laufe der Zeit erheblich an. So erklärt sich, dass ein Darlehen mit einer anfänglichen Tilgung von z.B. 1% nicht erst nach 100 Jahren zurückgezahlt ist, sondern bereits nach 30 – 40 Jahren.

Je höher der anfängliche Tilgungssatz gewählt wird, desto schneller ist das Darlehen zurückgezahlt und desto geringer fällt die Gesamtzinslast aus. Ich möchte Ihnen das durch ein einfaches Beispiel verdeutlichen, indem ich Ihnen die Ergebnisse einer Finanzierung mit einem Annuitätendarlehen mit 1% anfänglicher Tilgung (**Variante 1**) und 4% anfänglicher Tilgung (**Variante 2**) auswerfe und tabellarisch gegenüberstelle. Die entscheidenden Werte finden Sie in den grau hinterlegten Feldern:

	Variante 1	Variante 2	Differenz
Darlehensbetrag	€150.000	€150.000	
Zinssatz nominal p. a. (%)[5]	2,5 %	2,5 %	
anfängliche Tilgung p. a. (%)	1,00 %	4,00 %	3,00 %
Monatliche Rate	€ 438	€ 813	€ 375
Laufzeit bis Volltilgung	40 Jahre	19,5 Jahre	20,5 Jahre
Gesamtzinslast bis Volltilgung	€107.073	€39.545	€67.528
Restvaluta nach 10 Jahren	€ 132.979	€ 81.914	€ 51.065
Zinslast nach 10 Jahren	€ 35.479	€ 29.414	€ 6.065

Sie können an den Ergebnissen für die Laufzeit des Darlehens bis zur **Volltilgung** und an der Gesamtzinslast dieses Beispiels sehen, dass eine um 3% höhere anfängliche Tilgung sich ganz erheblich auswirkt: Bei anfänglich 4% Tilgung kann die Laufzeit gegenüber anfänglich 1% Tilgung um mehr als 20 Jahre verkürzt werden und die Gesamtzinslast verringert sich um beachtliche € 67.528.

---

[5] Es wird vereinfachend unterstellt, dass der Darlehenszinssatz für die gesamte Laufzeit des Darlehens konstant 2,5% pro Jahr beträgt. Diese Annahme führt zu realistischen Ergebnissen, wenn über die Gesamtlaufzeit der Zinssatz um diesen Wert herum pendelt. Außerdem entspricht dieser Berechnungsmodus den Vorgaben der Preisangabenverordnung.

Werfen wir darüber hinaus einen Blick auf die entsprechenden Zahlen **nach 10 Jahren**: Nach 10 Jahren
ergibt sich ausweislich der mit „Differenz" überschriebe-
nen Spalte bei der Zinslast immerhin eine Differenz in
Höhe von € 6.065. Darüber hinaus ergibt sich ein weiterer
Vorteil aus einer schnelleren Tilgung in Höhe eines Betrages von nochmals € 6.065 bei der Variante 2. Denn durch
die höhere anfängliche Tilgung steigt der Tilgungsanteil
der Rate schneller an. Sie können diese Berechnung wie
folgt nachvollziehen: Wenn wir die Differenz der monatlichen Raten in Höhe von € 375 (= € 813 - € 438) heraus-
rechnen (= 120 Monate x € 375 = € 45.000), dann ergibt
sich bei der Tilgung nach 10 Jahren ein Vorteil von exakt €
6.065 (= € 132.979 - € 81.914 - € 45.000). Insgesamt ist daher die Variante 2 gegenüber der Variante 1 nach 10 Jahren
um € 12.130 (= € 6.065 x 2) günstiger.

Das Ergebnis dieser Berechnungen können Sie mit Hilfe des als Bonusmaterial zu diesem Buch verfügbaren
Excel-Berechnungstools selbst nachvollziehen indem Sie
die gewählten Eckdaten der obigen Beispiele dort eingeben.[6] Durch dieses Beispiel sollte Ihnen klar werden, welche entscheidende Auswirkung die Höhe der anfänglichen Tilgung auf die gesamten Kosten und die Laufzeit
des Darlehens hat.

Bei der Strukturierung Ihres Darlehens für den Immobilienkauf sollten Sie daher Ihr Augenmerk darauf richten,

---

[6] Eine detaillierte Anleitung zur Benutzung des im
Lieferumgang enthaltenen Rechentools finden Sie in Abschnitt
IX. des Buches.

von Anfang an eine möglichst hohe Tilgung darzustellen. Auch in diesem Punkte können sich relativ überschaubare Differenzbeträge bei der monatlichen Belastung über die Gesamtlaufzeit zu extremen Effekten aufsummieren wie das obige Rechenbeispiel eindrucksvoll zeigt. Schließlich sollte das Darlehen spätestens beim Renteneintritt (besser früher) vollständig getilgt sein.

c) Länge der Zinsfestschreibung

Bei einem Immobiliendarlehen legt die Länge der Zinsfestschreibung fest, wie viele Jahre der bei Abschluss gültige Zinssatz für das Darlehen konstant bleibt. Da die Laufzeiten von Immobiliendarlehen auch Zeiträume von über 20 Jahren erreichen, wird der Zinssatz im Normalfall nicht von Anfang an für die ganze Zeit fixiert, sondern zunächst nur für die ersten 5, 10 oder 15 Jahre. In Ausnahmefällen kommen auch längere Zinsfestschreibungen vor. Nach Auslaufen der ersten Festzinsperiode wird dann ein neuer Festzinssatz für eine weitere Periode festgeschrieben oder das Darlehen wird an die Bank zurückgezahlt. Bei sehr lang laufenden Finanzierungen können auch mehrere Zinssatzanpassungen hintereinander erfolgen.

Bei Inanspruchnahme eines Immobiliendarlehens werden von der Bank grundsätzlich die zur Zeit des Vertragsabschlusses aktuellen Marktzinsen für den Darlehenszinssatz zugrunde gelegt wobei es eine gewisse Streubreite unter den Anbietern gibt. Die von den Banken angebotenen Zinssätze für Immobilienkredite hängen von den Refinanzierungsmöglichkeiten der Banken an den

Kapitalmärkten ab, die die „Einkaufspreise" der Banken für die Eindeckung mit Geld darstellen. Der Einkaufspreis der Bank hängt von ihrem Rating ab. Finanzstarke Banken können sich günstiger Geld am Kapitalmarkt beschaffen als kriselnde Banken. Auf diese „Einkaufspreise" sattelt die Bank eine Marge und Risikokosten auf, woraus sich dann der Nominalzinssatz ergibt, der dem Bankkunden angeboten wird. Die Höhe der Marge wird jedoch gegenüber dem Bankkunden nicht offengelegt. Dieser bekommt nur den Nominalzinssatz als Zahl mitgeteilt.

Der Darlehensnehmer muss sich bei Abschluss eines Darlehensvertrages entscheiden, wie lang er die erste Zinsfestschreibung wählt. Eine längere Zinsfestschreibung ist dabei mit einem Zinsaufschlag verbunden. Grund dafür ist, dass die Bank die längere Bindung an einen Festzinssatz laufzeitkongruent an den Kapitalmärkten refinanzieren und dafür höhere „Einkaufspreise" zahlen muss.

Es gibt sowohl Argumente für eine möglichst lange Zinsfestschreibung als auch für eine möglichst kurze Zinsfestschreibung. Ausschlaggebend für die Entscheidung ist die Erwartung der zukünftigen Zinsentwicklung an den Kapitalmärkten. In einer historischen Niedrigzinsphase spricht vieles dafür, dass die Zinsen mittelfristig bis langfristig wieder ansteigen werden, was ein Argument dafür wäre, die Zinsfestschreibung möglichst lang zu wählen, um sich das niedrige Zinsniveau lange zu sichern und sich gegen einen Anstieg der Darlehenszinsen zu wappnen. In einer historischen Hochzinsphase hingegen ist die Wahrscheinlichkeit größer, dass die Zinsen mittelfristig bis langfristig sinken werden. Das spricht eher dafür, kürzere

Zinsbindungsfristen zu wählen, um sich nach Auslaufen der Zinsbindung möglichst zeitnah und ohne Vorfälligkeitsentschädigung auf ein niedrigeres Zinsniveau herunterschleusen zu können. Da die Entwicklung des Zinsniveaus an den Kapitalmärkten nicht sicher vorhergesagt werden kann, wird der Darlehensnehmer nur später in der Rückschau wirklich wissen, ob er es richtig gemacht hat.

Derzeit haben wir eine extreme Niedrigzinsphase. Immobiliendarlehen mit 10-jähriger Zinsbindung sind bereits für gut 1% Jahreszinsen und mit einer 20-jährigen Zinsbindung für 1,75% zu bekommen.[7] Es mag verlockend sein, hier ohne weitere Überlegungen die 10-jährige Zinsbindung zu wählen, um den sagenhaft günstigen Zinssatz von 1% mitzunehmen. Sie sollten jedoch ernsthaft darüber nachdenken, die längere Zinsbindung von 20 Jahren zu wählen, um Sicherheit gegen massiv steigenden Zinsen nach 10 Jahren zu erlangen. Es ist kein Naturgesetz, dass die Darlehenszinsen langfristig niedrig bleiben müssen. Bei einem massiven Anstieg der Zinsen nach 10 Jahren auf beispielsweise 5% kann Ihre monatliche Belastung schlagartig nach oben schnellen und Sie in Schwierigkeiten bringen.

Darüber hinaus spielt bei Immobilien der angepeilte Anlagezeitraum eine Rolle. Wenn Sie planen, die Immobilie nach 10 Jahren wieder zu verkaufen, dann wäre es natürlich nicht sinnvoll, eine Zinsfestschreibung für 15 oder 20 Jahre zu vereinbaren. Das ist schon deshalb nicht sinn-

---

[7] Ich verweise dazu auf die folgende Internetseite: https://www.zinsentwicklung.de/

voll, weil das zu höheren Aufschlägen auf den Zinssatz führt.

Vorfälligkeitsentschädigung

Sie fragen sich als Leser an dieser Stelle vielleicht, warum man bei fallenden Zinsen nach Abschluss des Darlehensvertrages nicht einfach vor Ablauf der Zinsbindungsfrist auf das gesunkene Marktzinsniveau wechseln kann. Die Antwort auf diese Frage fällt ebenso eindeutig wie unbefriedigend für den Darlehensnehmer aus: Eine vorzeitige Beendigung des Darlehensvertrages vor Ablauf einer Festzinsperiode ist leider nur gegen eine Vorfälligkeitsentschädigung möglich.

Die Vorfälligkeitsentschädigung wird von der Bank in Rechnung gestellt als Kompensation für die Aufgabe der vertraglichen Festlegung auf das Zeitfenster der Zinsfestschreibung. Die Bank hat ihrerseits Dispositionen mit Vertragspartnern an den Kapitalmärkten getroffen, um sich das ausgeliehene Geld zu bestimmten Konditionen zu beschaffen. Die Auflösung dieser getroffenen Dispositionen ist für die Bank mit Kosten verbunden. Darüber hinaus führt die vorzeitige Auflösung der Festzinssatzbindung für die Bank zu einem entgangenen Gewinn, den sie ansonsten bis zum Ende der Zinsbindung eingefahren hätte.[8] Diese beiden Positionen stellt die Bank dem Darlehensnehmer als sogenannte Vorfälligkeitsentschädigung in Rechnung und macht die Bezahlung zur Bedingung für eine Auflösung der wechselseitigen vertraglichen Bindung

---

[8] Wegen der Einzelheiten verweise ich auf die detaillierte Darstellung im Abschnitt I. 10. b) dieses Buches.

an die Festzinsperiode. Die Vorfälligkeitsentschädigung kann erhebliche Summen erreichen, so dass Sie alles versuchen sollten, diese zu vermeiden.

Sollten Sie in eine Situation geraten, in der Sie um eine Vorfälligkeitsentschädigung nicht herumkommen, so dürfte es ratsam sein, fachliche Hilfe in Anspruch zu nehmen, um die Rechtmäßigkeit und die Höhe der Vorfälligkeitsentschädigung überprüfen zu lassen. Die praktische Erfahrung lehrt, dass es vorkommt, dass Berechnungen von Vorfälligkeitsentschädigungen durch Banken fehlerhaft und überhöht sind. Die Stiftung Warentest hält auf ihrer Internetseite ein recht nützliches Excel-Rechentool für die Ermittlung der Höhe der Vorfälligkeitsentschädigung zum kostenlosen Download bereit.[9] Damit können Sie zumindest einen Plausibilitätscheck machen, ob die Bank die Höhe der Entschädigung korrekt berechnet hat.

Aus diesen Überlegungen folgt die Erkenntnis, dass eine lange Zinsbindungsfrist auch Nachteile mit sich bringt, da Sie als Darlehensnehmer bei einer vorzeitigen Rückzahlung eine Vorfälligkeitsentschädigung zahlen müssen und damit für einen längeren Zeitraum unflexibel bleiben, das Darlehen vorzeitig abzulösen. Das wird Sie besonders ärgern wenn Sie freie Mittel haben und diese nicht zur vorzeitigen Rückzahlung des Darlehens einsetzen dürfen. Des Weiteren ist zu berücksichtigen, dass Banken eine besonders lange Zinsfestschreibung in der Regel mit einem höheren Zinsaufschlag auf das Marktzinsniveau versehen,

---

[9] Ich verweise dazu auf die folgende Internetseite: https://goo.gl/n299CT

d.h. je länger die Zinsbindung, desto höher der Zinsaufschlag auf das aktuelle Marktniveau.

Sonderkündigungsrecht ohne Vorfälligkeitsentschädigung

In diesem Zusammenhang möchte ich auf eine Besonderheit hinweisen, die für Sie wichtig werden kann, wenn Sie Zinsfestschreibungen eingegangen sind, die länger als 10 Jahre sind. Der Gesetzgeber räumt dem Darlehensnehmer nach 10 Jahren ein vorfälligkeitsentschädigungsfreies Sonderkündigungsrecht ein.[10] Dieses Sonderkündigungsrecht kann vertraglich nicht ausgeschlossen werden und besteht daher immer, egal was die Bank in das „*Kleingedruckte*" hineinschreibt.

Bei Ausübung dieses Sonderkündigungsrechtes müssen Sie auch dann **keine** Vorfälligkeitsentschädigung an die Bank zahlen, wenn die Zinsbindungsfrist noch nicht ausgelaufen ist. Wenn Sie also eine Zinsbindung von 15 oder 20 Jahren eingegangen sind und nach 10 Jahren feststellen, dass der vertragliche Festzinssatz deutlich höher liegt als der aktuelle Marktzins, haben Sie hiermit eine Möglichkeit, nach 10 Jahren kostenfrei die Reißleine zu ziehen und den Darlehensvertrag entschädigungsfrei zu kündigen.[11]

---

[10] Das ist in § 489 BGB geregelt.

[11] Die Kündigungsfrist beträgt 6 Monate. Daraus folgt, dass Sie das Darlehen nach 10 Jahren und 6 Monaten zurückzahlen können ohne eine Vorfälligkeitsentschädigung.

Aufteilung des Darlehens in Teilbeträge mit unterschiedlicher Zinsbindung

Denkbar ist auch eine Aufteilung des Darlehensbetrages in mehrere Teilbeträge, um diese mit unterschiedlich langen Zinsbindungsfristen zu versehen. Sie könnten z.B. bei einem Darlehensbedarf von € 150.000 einen Teilbetrag von € 100.000 mit 15 Jahren Zinsbindung ausstatten und einen Teilbetrag von € 50.000 mit 10 Jahren Zinsbindung. So hätten Sie zumindest für einen Teilbetrag von 2/3 längere Zinssicherheit und für einen Teilbetrag von 1/3 „Spielmasse", um von einem günstigeren Zinssatz zu profitieren, der z.B. in eine höhere anfängliche Tilgung gesteckt werden kann. Es kann allerdings passieren, dass die Bank diese Aufteilung des Darlehensbetrages auf Teilbeträge wegen des höheren Verwaltungsaufwandes mit einem höheren Darlehenszinssatz bestraft. Dann werden die Überlegungen komplizierter, ob ein solcher Schachzug noch Vorteile bringen kann.

d) Vertragliche Sondertilgungsrechte

Ein weiterer wichtiger Punkt bei den Konditionen eines Annuitätendarlehens mit Festzinssatzbindung sind vertragliche **Sondertilgungsrechte**. Der Darlehensvertrag beinhaltet ja die Überlassung der Darlehenssumme auf Zeit an den Darlehensnehmer und legt eine bestimmte zeitliche Staffelung der Rückzahlung des Geldes in monatlichen Raten fest. Ein vertragliches Sondertilgungsrecht greift in diesen starren „Fahrplan" ein, indem der Darlehensnehmer die Option erhält, davon abweichend Teile

der Darlehenssumme vorzeitig ohne eine Vorfälligkeitsentschädigung an die Bank zurück zu zahlen.

Da es sich um ein optionales Recht handelt, kann der
Darlehensnehmer jedes Jahr frei entscheiden, ob er den
Sondertilgungsbetrag außer der Reihe tilgt oder nicht. Daher bieten sich vertragliche Sondertilgungsrechte immer
dann an, wenn Sie als Darlehensnehmer vorher noch
nicht wissen, ob Sie zukünftig hinreichend freie Mittel
haben werden, um eine erhöhte Tilgung zu schultern und
darüber erst später entscheiden können oder wollen. Das
kann bei Immobilien besonders hilfreich sein, wenn Sie
schwer abschätzen können, welcher Instandhaltungsauf-
wand in den nächsten 10 Jahren auf Sie zukommt.

Der Vorteil einer Sondertilgung ergibt sich daraus, dass
sich diese sofort zinsmindernd auswirkt, weil die Bemessungsgrundlage für die Zinsen sofort abnimmt. Darüber
hinaus ändert sich zu Gunsten des Darlehensnehmers das
Verhältnis von Zins- und Tilgungsanteil der monatlich
gleich bleibenden Raten sofort, d.h. der Zinsanteil der monatlichen Rate sinkt und der Tilgungsanteil steigt an. Das
kann die Laufzeit von Immobilienkrediten und die Gesamtzinslast ganz erheblich reduzieren.

Die nachfolgende Berechnung greift das oben vorge-
stellte Beispiel auf und nimmt statt einer erhöhten anfänglichen Tilgung eine jährliche Sondertilgung bei der
Variante 2 an (siehe grau hinterlegte Felder):

	Variante 1	Variante 2	Differenz
Darlehensbetrag	€150.000	€150.000	
Zinssatz nominal p. a. (%)[12]	2,5 %	2,5 %	
anfängliche Tilgung p. a. (%)	1,00 %	1,00 %	
Sondertilgung in % des Darlehensbetrages	0,00 %	5,00 %	5,00 %
Sondertilgung in € p. a.[13]	€ 0	€7.500	€7.500
Monatliche Rate	€ 438	€ 438	
Laufzeit bis Volltilgung	40 Jahre	14,2 Jahre	25,8 Jahre
Gesamtzinslast bis Volltilgung	€ 107.073	€ 29.238	€77.835
Restvaluta nach 10 Jahren	€ 132.979	€ 48.826	€84.153
Zinslast nach 10 Jahren	€ 35.479	€ 26.326	€9.153

Wie Sie aus diesem Berechnungsbeispiel ersehen können, verkürzt sich durch eine jährliche Sondertilgung in Höhe von 5% des Darlehensbetrages die Laufzeit des Darlehens um mehr als 25 Jahre und die Gesamtzinslast reduziert sich auf weniger als ein Drittel. Nach 10 Jahren ergeben sich Einspareffekte in Höhe von insgesamt € 18.306

---

[12] Es wird vereinfachend unterstellt, dass der Darlehenszinssatz für die gesamte Laufzeit des Darlehens konstant 2,5% pro Jahr beträgt. Diese Annahme führt zu realistischen Ergebnissen, wenn über die Gesamtlaufzeit der Zinssatz um diesen Wert herum pendelt. Außerdem entspricht dieser Berechnungsmodus den Vorgaben der Preisangabenverordnung.

[13] Es wird bei der Berechnung unterstellt, dass die Sondertilgung im Dezember eines jeden Jahres erfolgt.

aus einer geringeren Zinslast (= € 9.153) und einer günstigeren Tilgung (= € 9.153).

Das Ergebnis dieser Berechnungen können Sie mit Hilfe des als Bonusmaterial zu diesem Buch verfügbaren Excel-Berechnungstool selbst nachvollziehen indem Sie die gewählten Eckdaten der obigen Beispiele dort eingeben.[14]

Selbst wenn Sie sich für eine erhöhte anfängliche Tilgung entscheiden, können Sie durch die zusätzliche Einräumung von vertraglichen Sondertilgungsrechten die Gesamtzinslast und die Laufzeit des Darlehens nochmals reduzieren wenn Sie später mehr Liquidität zur Verfügung haben als Sie geplant hatten. Sie sollten daher auf keinen Fall auf die Einräumung eines Sondertilgungsrechtes verzichten. Bei der Verhandlung rate ich Ihnen jedoch, diese in realistischer Höhe zu verhandeln, da die Banken sich besonders hohe Sondertilgungsrechte durch Aufschläge auf den Zinssatz vergüten lassen. Es wäre daher nicht sinnvoll, wenn Sie ein Sondertilgungsrecht in Höhe von jährlich 10% des Darlehensbetrages mit einer Verschlechterung des Nominalzinssatzes erkaufen, aber absehbar ist, dass Sie davon maximal 5% werden ausnutzen können. Eine vorausschauende und realistische Liquiditätsplanung ist hier Voraussetzung für die Verhandlung von optimal dimensionierten Sondertilgungsrechten.

---

[14] Eine detaillierte Anleitung zur Benutzung des im Lieferumgang enthaltenen Rechentools finden Sie in Abschnitt IX. des Buches.

Nach meiner Erfahrung ist die Vereinbarung eines jährlichen Sondertilgungsrechtes in Höhe von 5% ohne Zinssatzverschlechterung mittlerweile Marktstandard. In diesem Punkte sollten Sie daher bei den Verhandlungen mit Banken keine Schwierigkeiten bekommen.

e) Variabler Zinssatz

Abschließend möchte ich noch auf den Sonderfall zu sprechen kommen, dass auf eine Zinsbindung ganz verzichtet und mit einem variablen Zinssatz operiert wird. Das bedeutet im Ergebnis, dass der bei Vertragsschluss vereinbarte Zinssatz nur eine Momentaufnahme darstellt und schnelle Änderungen vorprogrammiert sind.

Die Bank wird den Zinssatz erhöhen wenn die Marktzinsen steigen und senken wenn die Marktzinsen sinken. Der Zinssatz für ein Darlehen mit variabler Verzinsung ist im Regelfall niedriger als der Zinssatz bei einer Zinsfestschreibung für einige Jahre, da die Bank nicht längerfristig disponieren muss, sondern Marktschwankungen sofort an den Darlehensnehmer weitergeben kann. Bei einer „normalen" Lage an den Finanzmärkten ist eine Differenz von 1% zu einem Festzinssatzangebot mit einer 10-jährigen Zinsbindung nicht ungewöhnlich. Derzeit haben wir jedoch keine normale Marktlage sondern eine ungewöhnliche Niedrigzinsphase. Diese führt im Ergebnis dazu, dass Festzinssatzangebote mit einer Zinsbindung von 10 Jahren bereits für 1% Zinsen zu haben sind.[15] Dadurch sind die

---

[15] Ich verweise dazu auf die folgenden Internetseite: https://www.zinsentwicklung.de/

Abstände von Festzinssatzangeboten zu Angeboten mit variablen Zinsen deutlich kleiner geworden. Das bedeutet, dass das Einsparpotential geringer geworden ist und damit auch weniger Argumente für einen variablen Zinssatz sprechen. Das gilt jedenfalls dann, wenn das Geld langfristig benötigt wird.

Die Wahl eines variablen Zinssatzes bietet sich insbesondere in einer extremen Hochzinsphase an wenn mit hoher Wahrscheinlichkeit kurzfristig bis mittelfristig eine Zinssenkung zu erwarten ist. Dann kann der Darlehensnehmer so lange mit einer Zinsfestschreibung warten, bis der Marktzins auf ein erträglicheres Niveau gefallen ist und dann ohne Vorfälligkeitsentscheidung das niedrigere Zinsniveau festschreiben lassen. Steigt der Marktzins entgegen der Erwartungen weiter, geht diese Rechnung natürlich nicht mehr auf, so dass auch hier ein Risiko verbleibt.

Ein weiterer Vorteil ist, dass ein Darlehen mit variablem Zinssatz jederzeit ohne Vorfälligkeitsentschädigung zurückgezahlt werden kann. Es ist lediglich eine Kündigungsfrist von drei Monaten einzuhalten. Daher eignet sich ein solches Darlehen sehr gut für eine Zwischenfinanzierung, deren Länge überschaubar ist. Wenn Sie z.B. in absehbarer Zeit die Auszahlung einer Kapitallebensversicherung erwarten, aber bereits heute eine Immobilie kaufen wollen, dann kann es sinnvoll sein, einen entsprechenden Teil des Darlehens mit variablem Zinssatz auszugestalten, um diesen Teil mit der Versicherungssumme vollständig auf einen Schlag zu tilgen.

Ein variabler Zinssatz hat den Nachteil, dass Sie keine Planungssicherheit haben und, dass sich die monatlichen Belastungen erhöhen wenn der Zinssatz ansteigt. Daher ist ein variabler Zinssatz nur dann zu verantworten, wenn der Darlehensnehmer finanziellen Spielraum hat, um Mehrbelastungen aufzufangen. Andernfalls droht eine Kündigung des Darlehens und eine Zwangsversteigerung der Immobilie wenn der Darlehensnehmer die steigenden Belastungen nicht schultern kann und in Verzug gerät mit der Zahlung der Darlehensraten.

Wenn Sie gleichwohl eine variable Verzinsung vereinbaren, sollten Sie darauf achten, dass im Darlehensvertrag schon die Option für den Darlehensnehmer vorgesehen ist, diesen auf einen Vertrag mit Festzinssatz umzustellen. Denn sonst laufen Sie Gefahr, dass die Bank bei den Vertragsverhandlungen den Umstand ausnutzt, dass ein Wechsel zu einer anderen Bank für Sie mit Kosten verbunden ist. Denn dazu ist die Löschung der Grundschuld und die Bestellung einer neuen Grundschuld für die andere Bank erforderlich. Dementsprechend wird eine gerissene Bank die Konditionen eines Festzinssatzangebotes so verschlechtern, dass es für Sie (unter Berücksichtigung der „Umzugskosten" für die Grundschuld) alternativlos ist, bei dieser Bank zu bleiben und geringfügig schlechtere Konditionen zu akzeptieren als die der Konkurrenzbank.

f) Forward-Darlehen

Seit Mitte der neunziger Jahre wird darüber hinaus noch das **Forward-Darlehen** als Darlehensvariante angeboten. Bei Lichte betrachtet handelt es sich dabei jedoch nicht um eine eigene Darlehensform sondern lediglich um einen zeitlich vorverlagerten Abschluss eines Annuitätendarlehens mit Festzinssatzbindung. Die Zeitspanne zwischen dem Vertragsabschluss und der tatsächlichen Inanspruchnahme des Darlehens wird als Forward-Periode bezeichnet. Sie kann mehrere Jahre betragen und wird mit einem Zinsaufschlag auf das aktuelle Marktzinsniveau erkauft.

Eine solche Vereinbarung bietet sich dann für den Darlehensnehmer an, wenn das Marktzinsniveau nach seiner Erwartung einen relativen Tiefpunkt erreicht hat und bis zum Ende der noch laufenden Festzinsperiode mit einem Ansteigen der Marktzinsen gerechnet wird. In dieser Situation kann es sinnvoll sein, mit dem Abschluss einer neuen Festzinssatzperiode nicht bis zum Ablauf der laufenden Festzinsperiode zu warten, sondern ein Forward-Darlehen abzuschließen. Die Forward-Periode ist in diesem Fall deckungsgleich mit der Restlaufzeit der laufenden Festzinsperiode.

Steigt das Marktzinsniveau erwartungsgemäß an, erlangt der Darlehensnehmer mit dem Forward-Darlehen dann einen Zinssatz unterhalb des bei Auslaufen der Festzinsperiode gültigen Marktniveaus. Da der Darlehensnehmer aber an das Forward-Darlehen gebunden und zu seiner Abnahme verpflichtet ist, kann sich dieses in der Rückschau auch als schlechtes Geschäft herausstellen wenn die Zinsen entgegen der Erwartung gefallen oder gleich geblieben sind. Darlehensnehmer bezahlen in diesem Fall mit dem Forward-Darlehen also höhere Zinsen als wenn die Anschlussfinanzierung zum planmäßigen

Termin vertraglich fixiert und nicht vorgezogen worden wäre. Nimmt der Darlehensnehmer das Darlehen dann nicht ab, so muss er an die Bank eine Nichtabnahmeentschädigung zahlen. Die Nichtabnahmeentschädigung wird identisch berechnet wie die Vorfälligkeitsentschädigung.

g) Disagio

Das Disagio stellt eine Vorabzahlung von Zinsen dar, um über die Laufzeit des Darlehens einen niedrigeren Nominalzinssatz zu erhalten. Es wird entweder in Prozent des Darlehensbetrages angegeben (üblicherweise in einer Größenordnung von 5 – 10%) oder als Prozentsatz des um das Disagio reduzierten Auszahlungsbetrages des Darlehens ausgedrückt (z.B. 95% Auszahlungsbetrag, was einem Disagio von 5% entspricht).

Das Disagio wird vom Auszahlungsbetrag des Darlehens abgezogen und von der Bank direkt einbehalten. Der Darlehensnehmer muss jedoch gleichwohl 100% des Darlehensbetrages verzinsen und tilgen. Wegen des nicht ausgezahlten Disagios ist somit ein höherer Darlehensbetrag aufzunehmen, zu verzinsen und zurückzuzahlen als bei einem Darlehen ohne Disagio. Das ist durchaus ein gewichtiger Nachteil, da sich dadurch unter Umständen auch das Verhältnis des Eigenkapital- und Darlehensanteils an der gesamten Finanzierung ungünstig verschiebt.

Die Vereinbarung eines Disagios kann überhaupt nur dann sinnvoll sein, wenn man den Betrag im Jahr der Darlehensauszahlung als Werbungskosten steuerrechtlich geltend machen kann. Das ist grundsätzlich nur bei vermieteten Immobilien und nicht bei selbst genutzten

Wohnimmobilien der Fall. Weitere Voraussetzung der Absetzbarkeit ist, dass die Zinsen des Darlehens für mindestens 5 Jahre festgeschrieben werden und das Disagio maximal 5% der Darlehenssumme beträgt. Der bei vermieteten Immobilien durch das Disagio erzielte Steuervorteil besteht in einem Steuerstundungseffekt. Das heißt, dass die Steuerlast in die Zukunft verschoben, aber nicht vermieden wird. Denn der geringere Darlehenszinssatz aufgrund des Disagios führt dazu, dass in den Folgejahren die Zinslast geringer wird und damit auch die Werbungskosten, die von der Steuer abgesetzt werden können. Der Steuerspareffekt ist daher bei Lichte betrachtet eher ein Liquiditätseffekt.

5. BAUSPARDARLEHEN

Für Eigenheimerwerber stellt sich die Frage, ob ein Bauspardarlehen in die Finanzierung eingebaut werden sollte. Was genau ist denn eigentlich ein Bauspardarlehen? Die von Bausparkassen angebotenen Bausparverträge stellen eine Kombination aus zinsgünstigem Darlehen und Ansparung eines Eigenkapitalbetrages dar. Es geht also nicht nur um ein Immobiliendarlehen sondern um ein kombiniertes Produkt aus Darlehen und Sparvertrag.

Vor der Inanspruchnahme eines Bauspardarlehens ist zwingend eine Ansparphase vorgeschaltet, die in der Regel 5 bis 10 Jahre dauert. Daher steht ein Bausparlehen nur dann zur Verfügung, wenn einige Jahre im Voraus mit der Ansparung begonnen wurde. Der Ansparbetrag und das zinsgünstige Darlehen zusammen ergeben die Bausparsumme, die in dem Bausparvertrag bei Vertragsabschluss festgelegt wird. Dabei entfallen üblicherweise 40% der Bausparsumme auf den Ansparbetrag und 60% auf das Darlehen.

Nach Abschluss der Ansparphase tritt die so genannte Zuteilungsreife des Bauspardarlehens ein, das dann in der vereinbarten Höhe als zinsgünstiges Immobiliendarlehen in Anspruch genommen werden kann. Zum Zeitpunkt der Zuteilung zahlt die Bausparkasse dem Kunden den angesparten Betrag inklusive der aufgelaufenen Guthabenzinsen aus und stellt das Bauspardarlehen in der vereinbarten Höhe zum vereinbarten Zinssatz zur Verfügung. Es soll allerdings nicht verschwiegen werden, dass zwischen Zuteilungsreife und tatsächlicher Zuteilung eines Bauspardarlehens noch einige Zeit vergehen kann. Mehrere Monate sollten eingeplant werden. Der Bausparer hat also bei Zuteilung seines Bausparvertrages zwei Dinge erreicht: Er hat zum ersten einen Eigenkapitalstock in Höhe der Ansparsumme zuzüglich Guthabenzinsen aufgebaut und er hat zum zweiten einen Anspruch auf ein zinsgünstiges Darlehen erworben.

Eine weitere Besonderheit des Bauspardarlehens besteht darin, dass die Bausparkasse eine nachrangige Grundschuld als Sicherheit akzeptiert. Daher lässt sich ein Bauspardarlehen problemlos mit einem normalen Annuitätendarlehen kombinieren, das ausnahmslos nur gegen Bestellung einer erstrangigen Grundschuld vergeben wird. Eine weitere Besonderheit des Bauspardarlehens besteht darin, dass Sondertilgungen jederzeit und in beliebiger Höhe möglich sind.

Bauspardarlehen sind (systematisch betrachtet) ebenfalls Annuitätendarlehen mit einer Festzinssatzbindung. Eine Besonderheit des Bauspardarlehens besteht darin, dass die anfängliche Tilgung höher ist als bei einem normalen Annuitätendarlehen. Das hängt damit zusammen, dass eine schnelle Volltilgung innerhalb von 10 Jahren vorgeschrieben ist. Die hohe Tilgung des Bauspardarlehens reduziert natürlich die Gesamtzinslast erheblich. Die Kehrseite der Medaille ist der Umstand, dass sich aus der hohen Tilgung eine hohe monatliche Belastung für den Kunden ergibt. Daher ist die Vollfinanzierung eines Immobilienerwerbes mit einem Bauspardarlehen allein im Regelfall nicht möglich. Eine solche wäre auch deshalb wenig sinnvoll, weil damit die Ansparphase exorbitant lang würde.

Ob ein Bauspardarlehen wirklich günstiger ist als ein normales Annuitätendarlehen, kann nur durch komplexe Berechnungen im Einzelfall ermittelt werden. Negativ schlägt dabei zu Buche, dass die Abschlussgebühr von 1% bis 1,5% zu Beginn vom Bausparer zu zahlen ist. Sie wird von den ersten Sparraten abgezogen. Da die Gebühr sich auf die gesamte Bausparsumme und nicht nur auf den Darlehensanteil bezieht, macht sie unter dem Strich 1,6% bis 1,9% des Darlehens aus, wenn dieses 60% der Bausparsumme beträgt. Da diese Gebühr vorab gezahlt werden muss, ergeben sich über die Laufzeit bis zur Zuteilungsreife noch weitere Nachteile aus Zins- und Liquiditätseffekten. Ein weiterer Nachteil ist, dass die Zuteilungsreife des Bauspardarlehens zeitlich nicht exakt planbar ist. Daher wird das Darlehen nur im Ausnahmefall just-in-time zur

Verfügung stehen. Das zieht häufig die Notwendigkeit von Zwischenfinanzierungen nach sich, die die Kosten der Finanzierung in die Höhe treiben.

Ob der langfristig im Vorfeld zu tätigende Abschluss eines Bausparvertrages überhaupt lohnt, hängt auch von der Marktentwicklung ab. Da der Bausparvertrag ein kombiniertes Produkt aus Sparvertrag und Darlehen ist, kann die Vorteilhaftigkeit nur durch eine Gesamtbetrachtung der beiden Komponenten beurteilt werden. Dabei müssen die relativ niedrigen Guthabenzinsen auf die angesparte Summe einerseits und die ebenfalls relativ niedrigen Zinsen auf den Darlehensbetrag andererseits in einem ausgewogenen Verhältnis stehen. Wenn z.B. die Guthabenzinsen für die angesparte Summe extrem niedrig sind, dann relativiert das natürlich die Vorteilhaftigkeit von niedrigen Darlehenszinsen für das Bauspardarlehen. Eine isolierte Betrachtung des Zinssatzes der Darlehenskomponente wäre daher nur die „halbe Miete". In diesem Zusammenhang ist zu kritisieren, dass die Bausparkassen in der Regel nur mit dem Darlehenszinssatz werben ohne auf die Vorteilhaftigkeit des Gesamtpaketes einzugehen. Berechnungen von Verbraucherschutzverbänden haben in vielen Fällen ergeben, dass ein Bausparvertrag sich nicht gerechnet hat und unter dem Strich teurer war als ein gewöhnliches Annuitätendarlehen.[16]

---

[16] Weiterführende Informationen und ein Excel-Berechnungstool finden Sie auf der folgenden Internetseite der Stiftung Warentest: https://goo.gl/KP2rsW

Als Regelempfehlung ergibt sich aus diesen Besonder-heiten, dass sich die Ausnutzung eines bereits zuteilungs-reifen Bauspardarlehens für einen Immobilienkäufer loh-nen dürfte. Lediglich in einer extremen Niedrigzinsphase kann es vorkommen, dass die bereits einige Jahre zuvor für das Bauspardarlehen festgelegten Darlehenszinsen höher sind als die eines normalen Annuitätendarlehens bei Zuteilungsreife. In einem solchen Sonderfall ist die Ausnutzung eines zuteilungsreifen Bauspardarlehens nicht sinnvoll. In der derzeitigen Niedrigzinsphase dürfte das für eine nicht geringe Zahl von Bausparverträgen zu-treffen.

Der Neuabschluss eines Bausparvertrages für einen kurzfristig geplanten Immobilienkauf ist nicht sinnvoll, da die Ansparsumme und die Darlehenssumme viel zu gering wären und der Vorteil niedriger Kreditzinsen durch die auflaufenden Gebühren und Kosten in der Regel vollstän-dig aufgefressen wird. Einige Bausparkassen bieten ein Kombinationsprodukt an für den Fall, dass ein Immobi-lienkauf sofort getätigt werden soll und noch kein Bau-sparvertrag bespart worden ist: Ein Bausparvorausdarle-hen in Kombination mit einem neu abzuschließenden Bausparvertrag. Bis zur Zuteilungsreife des Bausparver-trages erfolgen auf das Bausparvorausdarlehen keinen Tilgungen sondern nur Zinszahlungen. Bei Zuteilungsreife wird dann das Vorausdarlehen durch das Bauspardarle-hen ersetzt. Solche Finanzierungen sind in aller Regel nachteilig im Vergleich zur Aufnahme eines gewöhnlichen Annuitätendarlehens als Alternative.[17] Ich rate daher davon ab, solche kombinierten Produkte in die Finanzierung einzubauen.

Wenn ein Bausparvertrag abgeschlossen wird, sollte auch beachtet werden, dass größere Bausparsummen sich selten lohnen, da die Ansparphase mit einer sehr niedrigen Guthabenverzinsung sehr lang wird und erfahrungsgemäß die Zeitspanne zwischen Erreichen der Ansparsumme und der Zuteilung bei größeren Summen ebenfalls länger wird. Da sich die Abschlussgebühr auf die gesamte Bausparsumme bezieht, wird durch eine Überdimensionierung auch diese in die Höhe getrieben.

6. FÖRDERKREDITE & ZUSCHÜSSE

Besonders günstige Zinsen sind auch bei Förderdarlehen der KfW oder von Landesförderbanken möglich. Darüber hinaus gibt es Zuschussprogramme. Förderdarlehen können in der Regel nicht direkt bei den Förderbanken beantragt werden, sondern nur über eine so genannte Hausbank (d.h. eine gewöhnliche Geschäftsbank mit Filialen). Grundsätzlich gilt, dass der Antrag auf eine Förderung **vor** Unterzeichnung eines Kaufvertrages oder eines Bauvertrages gestellt werden muss. Eine nachträgliche Beantragung ist **nicht** möglich. Ein Vorteil der Förderdarlehen besteht neben günstigen Darlehenszinsen darin, dass die Förderbanken häufig nachrangige Grundschulden als Sicherheit akzeptieren. Damit lassen sich diese

---

[17] Weiterführende Informationen finden Sie auf der folgenden Seite der Stiftung Warentest: https://goo.gl/W7ScdG

Darlehen gut mit gewöhnlichen Annuitätendarlehen kombinieren, die von Geschäftsbanken ausnahmslos nur mit einer erstrangigen Grundschuld akzeptiert werden.

Eigentlich sind die Hausbanken gehalten, Sie auf die Möglichkeit der Beantragung von Fördermitteln hinzuweisen. Tatsächlich tun sie das in der Praxis sehr häufig nicht, weil Banken mit dem Vertrieb eigener Darlehen mehr verdienen können. Sie sollten daher Eigeninitiative entfalten und sich selbst informieren. Ich würde Ihnen raten, die Internetseiten der Förderinstitute einzusehen und die angebotenen Förderprodukte und die Förderkriterien zu studieren. Diese Vorgehensweise ist auch deshalb sinnvoll, weil sich die Förderprogramme ständig verändern. Das gilt sowohl für die Voraussetzungen der Inanspruchnahme einer Förderung als auch für die Konditionen. Zu diesem Zweck finden Sie nachfolgend alle Internetadressen der in Deutschland ansässigen Förderbanken aufgelistet:

Bund: http://www.kfw.de

Baden-Württemberg: http://www.l-bank.de

Bayern: http://www.lfa.de

Berlin: http://www.ibb.de

Brandenburg: http://www.ilb.de

Bremen: http://www.bab-bremen.de

Hamburg: http://www.wk-hamburg.de

Hessen: http://www.wibank.de

Mecklenburg-Vorpommern: http://www.lfi-mv.de

Niedersachsen: http://www.nbank.de

Nordrhein-Westfalen: http://www.nrwbank.de

Rheinland-Pfalz: http://www.isb.rlp.de

Saarland: http://www.sikb.de

Sachsen: http://www.sab.sachsen.de

Sachsen-Anhalt: http://www.ib-sachsen-anhalt.de

Schleswig-Holstein: http://www.ibank-sh.de

Thüringen: http://www.aufbaubank.de

Darüber hinaus verweise ich auf eine recht nützliche Seite des Bundesverbandes der Verbraucherzentralen.[18] Diese Seite verfügt über eine Suchfunktion, mit der Sie auf der Grundlage einer Auswahl des Vorhabens und des Bundeslandes gezielt Förderprogramme (Zuschuss und Darlehen) heraussuchen können.

Beispielhaft möchte ich das Förderprogramm Nr. 124 der KfW erwähnen, welches ein zinsgünstiges Darlehen in Höhe von bis zu € 50.000 für den Eigenheimerwerb bietet. Dieses Förderdarlehen wird zu einem sagenhaft günstigen Zinssatz von 0,75% pro Jahr angeboten.[19] Einziger Wermutstropfen dabei ist, dass die Zinsbindung leider nur 5 Jahre beträgt. Bei einer Zinsbindung von 10 Jahren steigt der Zins auf 1,45% an, was in der derzeitigen Niedrigzinsphase nicht mehr so verlockend ist.

---

[18] Die Seite finden Sie unter dem folgendem Link: www.baufoerderer.de

[19] Die Details zu diesem Förderprogramm finden Sie auf der folgenden Internetseite: https://goo.gl/xYFGFS

Ein weiteres erwähnenswertes Produkt ist das KfW Förderprogramm Nr. 151 mit der Bezeichnung „Energieeffizient Sanieren".[20] Aus diesem Programm können Sie Darlehen von bis zu € 50.000 zu einem Zinssatz von 0,75% pro Jahr erhalten. Förderfähig sind Wohngebäude, für die der Bauantrag oder die Bauanzeige vor dem 01.01.1995 gestellt wurde. Die finanzierten Maßnahmen müssen bestimmte technische Mindestanforderungen erfüllen, was durch einen Energieberater zu bestätigen ist. Die Einzelheiten können Sie in dem Merkblatt der KfW nachlesen, welches auf der Internetseite der KfW zum Download bereitgehalten wird.[21]

7. LEBENSVERSICHERUNG ALS DARLEHENSGEBER

Neben den Banken werden Immobiliendarlehen auch von Lebensversicherungen angeboten. Bei diesen Angeboten besteht häufig die Besonderheit, dass die Darlehen nicht laufend getilgt werden sondern endfällig zurückzuzahlen sind. Während der Laufzeit werden lediglich Zinsen, aber keine Tilgungen gezahlt. Noch immer gibt es Angebote, in denen solche Darlehen mit einer Lebensversicherung kombiniert wurden, mit der das Darlehen bei Endfälligkeit in einer Summe zurückgeführt werden soll. Von dieser Form der Immobilienfinanzierung ist abzura-

---

[20] Die Details zu diesem Förderprogramm finden Sie auf der folgenden Internetseite: https://goo.gl/w4HEQ

[21] Die Details zu diesem Förderprogramm finden Sie auf der folgenden Internetseite: https://goo.gl/w4HEQ

ten. Die Tilgungsaussetzung erweist sich in der Regel als gravierender Nachteil, der die Gesamtzinsbelastung über die Laufzeit erheblich erhöht. Die Zinsen fallen ja wegen der fehlenden Tilgung während der gesamten Laufzeit auf den gesamten Darlehensbetrag an.

Ein weiterer Nachteil ist, dass eine zu zahlende Vorfälligkeitsentschädigung bei vorzeitiger Rückzahlung des Darlehens (z.B. im Falle eines Verkaufes der Immobilie) deutlich höher ausfällt, weil sie mangels Tilgung stets auf den gesamten Darlehensbetrag anfällt. Diese Nachteile werden durch die Rendite der Lebensversicherung nur in extremen Ausnahmefällen kompensiert. Des Weiteren hat die Lebensversicherung den Nachteil, dass die Höhe der Ablaufleistung nur mit einem Sockelbetrag garantiert wird. Die Höhe des Überschussanteiles wird nur prognostiziert, aber nicht garantiert und hängt vom Anlagegeschick der Vermögensverwalter der Lebensversicherung und von der Entwicklung an den Finanz- und Aktienmärkten ab. Bei vorzeitiger Auflösung der Lebensversicherung zum Rückkaufswert treten für den Darlehenskunden und Versicherungsnehmer weitere Verluste auf, weil der Rückkaufswert deutlich niedriger ist als die reguläre Ablaufleistung.

Darüber hinaus ist zum 1.1.2005 der Steuervorteil für Erträge aus Kapitallebensversicherungen entfallen, so dass auch in steuerrechtlicher Hinsicht diese Konstruktion nachteiliger geworden ist.

Als Fazit können wir festhalten, dass Lebensversicherungen als Darlehensgeber in Erwägung gezogen werden können. Sie sollten jedoch Abstand halten von endfälligen

Finanzierungen ohne Tilgung und von einer Kombination eines Darlehens mit einer Lebensversicherung.

8. Pfandbriefbanken

Beim Pfandbriefdarlehen handelt es sich um ein Annuitätendarlehen, welches zwingend mit einem erstrangigen Grundpfandrecht abgesichert ist und bei dem die Höhe des Darlehens auf 60% des Beleihungswertes der Immobilie begrenzt ist.[22] Durch diese einschränkenden Vorgaben des Pfandbriefgesetzes wird sichergestellt, dass diese Darlehen besonders risikoarm sind. Pfandbriefemissionen von Banken dürfen nur mit solchen Darlehen als Sicherheit unterlegt sein, die diese Anforderungen erfüllen.

Wenn ein Eigenheimerwerber es schafft, den Anteil der Darlehensfinanzierung unterhalb dieser gesetzlichen Grenze von 60% des Beleihungswertes der Immobilie zu halten, so kann er mit besonders günstigen Darlehenszinsen rechnen.

Eine Liste sämtlicher Banken in Deutschland, die pfandbrieffähige Immobiliendarlehen ausreichen und Pfandbriefe emittieren, wird auf der Internetseite der Deutschen Bundesbank bereitgehalten und laufend aktualisiert.[23]

---

[22] Siehe § 14 Pfandbriefgesetz.

[23] Die Liste der Pfandbriefbanken finden Sie auf der folgenden Internetseite: https://goo.gl/3ODtd7

9. DIREKTBANKEN UND FINANZMAKLER

Unter **Direktbanken** versteht man Banken ohne Filialnetz, die nur über Internet und Telefon erreichbar sind.[24] Aufgrund der kostengünstigen Vertriebswege bieten Direktbanken häufig günstigere Konditionen an als Filialbanken. Daher sollten Sie Direktbanken unbedingt in den Verteiler Ihrer Finanzierungsanfragen aufnehmen.

Finanzmakler hingegen bieten nicht selbst eine Finanzierung an, sondern sie vermitteln die Finanzierung zwischen Bank und Darlehensnehmer. Bekannte Adressen sind z.B. Dr. Klein & Co. AG oder die Interhyp AG.

Nach meiner Einschätzung ist es ratsam, nur unabhängige Finanzmakler zu kontaktieren, die für eine Vielzahl von Banken tätig sind. Bei abhängigen Finanzmaklern besteht die Gefahr, dass sie nur einen kleinen Ausschnitt der Angebote am Markt vermitteln können. Prüfen Sie die von Finanzmaklern vermittelten Angebote ebenso kritisch und gründlich wie Direktangebote einer Bank. Die Einschaltung eines Finanzmaklers ersetzt auf keinen Fall eine gründliche Analyse des Marktes und erspart Ihnen auch nicht die Mühe, die vermittelten Angebote kritisch zu überprüfen und die für Sie optimale Finanzierung zu finden. Bedenken Sie bitte auch, dass der Finanzmakler Sie **nicht** objektiv und unbefangen beraten kann. Denn er wird von der Bank mit einer Provision bezahlt und steht daher nicht auf Ihrer Seite.

---

[24] z.B. comdirect bank AG oder ING DiBa AG

10. Gebühren & Bankentgelte

Das Thema Nebenkosten und Bankgebühren bei Immobiliendarlehen ist ein Dauerbrenner in den Medien. Immer wieder haben sich auch Gerichte damit beschäftigt. Daher habe ich diesem Thema einen eigenen Abschnitt gewidmet, um Sie für die Verhandlungen mit den Banken zu rüsten. Selbstverständlich beruht die folgende Darstellung auf der aktuellen Rechtsprechung und versetzt Sie so in den Stand, gegenüber der Bank mit hoher Durchschlagskraft zu argumentieren und eine Vielzahl von fragwürdigen Gebühren und Nebenkosten erfolgreich abzuwehren oder auf das rechtlich zulässige Maß zurückzustutzen.

a) Wertermittlungsgebühr für die Immobilie

Seit vielen Jahren verlangen Banken Wertermittlungsgebühren von den Bankkunden beim Abschluss eines Immobiliendarlehens. Dafür enthalten die Darlehensvertragsformulare in der Regel Klauseln, die die Verpflichtung des Kunden begründen sollen, eine Wertermittlungs- oder Schätzgebühr zu zahlen. Diese Gebühr schlägt mit Beträgen von € 250 bis zu € 500 zu Buche. Die gute Nachricht für Sie: Diese Wertermittlungsgebühr brauchen Sie jedoch nicht mehr zu akzeptieren, denn es ist gerichtlich entschieden, dass eine solche nicht verlangt werden kann, auch wenn das *Kleingedruckte* des Vertrages oder die Allgemeinen Geschäftsbedingungen eine solche Verpflichtung des Darlehensnehmers vorsehen.[25] Nach Auffassung der Gerichte erfolgt die Wertermittlung nicht im Interesse des Kunden, sondern im Interesse der Bank und auf der Grundlage von gesetzlichen Verpflichtungen der Bank, so dass es nur konsequent ist, dass dafür keine Gebühr vom Darlehensnehmer verlangt werden kann.

b) Vorfälligkeitsentschädigung

Wer ein Immobiliendarlehen mit Festzinssatzvereinbarung vorzeitig zurückzahlen will, muss der Bank dafür in aller Regel eine Entschädigung zahlen. Diese wird als **Vorfälligkeitsentschädigung** bezeichnet. Sie ist gesetzlich geregelt in § 490 Abs. 2 BGB. Da fast alle Immobiliendarlehen eine Zinsfestschreibung haben (üblicherweise zwischen 5 und 15 Jahren), stellt sich die Frage der Vorfälligkeitsentschädigung für Immobilienerwerber sehr häufig.

Nach der gesetzlichen Regelung darf der Darlehensnehmer das Darlehen nur dann vorzeitig zurückzahlen wenn er dazu ein berechtigtes Interesse hat.[26] Ein solches kann sich z.B. aus einem Verkauf der Immobilie ergeben. Allerdings entsteht bei der vorzeitigen Rückzahlung des

---

[25] Bundesgerichtshof, Urteile v. 13.05.2014 (Az XI ZR 170/13 und Az XI ZR 405/12); Landgericht Stuttgart, Urteil v. 24.04.2007, abgedruckt in Wertpapiermitteilungen - Zeitschrift für Wirtschafts- und Bankrecht 2007, S. 1930 ff.; Oberlandesgericht Düsseldorf, Urteil v. 05.11.2009, abgedruckt in Wertpapiermitteilungen - Zeitschrift für Wirtschafts- und Bankrecht 2010, S. 215 ff.; Oberlandesgericht Celle, Beschluss v. 10.06.2010, abgedruckt in Wertpapiermitteilungen - Zeitschrift für Wirtschafts- und Bankrecht 2010, S. 1980 ff.

[26] § 490 Abs. 2 BGB.

Darlehens auch bei Vorliegen eines berechtigten Interesses ein Anspruch der Bank auf die Vorfälligkeitsentschädigung.

Es ist zwar nicht ausgeschlossen, dass Ihre Bank bereit ist, eine vorzeitige Rückzahlung des Darlehens gegen Vorfälligkeitsentschädigung auch dann zu akzeptieren, wenn Sie **kein** berechtigtes Interesse darlegen können (z.B. wenn die Immobilie gar nicht verkauft wird). In diesem Falle wird die Bank jedoch in der Regel ihre stärkere Verhandlungsposition ausnutzen, um sich die vorzeitige Rückzahlung teurer bezahlen zu lassen als in den Fällen eines berechtigten Kündigungsinteresses des Darlehensnehmers. Denn leider gelten in diesem Fall nicht die vom Bundesgerichtshof entwickelten und nachfolgend dargestellten Einschränkungen der Bank bei der Berechnung der Vorfälligkeitsentschädigung, so dass bei solchen Fallgestaltungen besondere Vorsicht geboten ist.[27]

Der Anspruch der Bank auf die Vorfälligkeitsentschädigung ergibt sich aus den folgenden Überlegungen: Wird das Darlehen vorzeitig zurückgezahlt, so entstehen der Bank nach der Marktzinsmethode zwei Arten von Schäden, die der Bankkunde ausgleichen muss:

* Refinanzierungsschaden
* Margenschaden

Der **Refinanzierungsschaden** resultiert aus der Refinanzierungsstruktur: Die Bank hatte das Darlehen beim

---

[27] Ich verweise dazu auf Bundesgerichtshof, Urteil v. 06.05.2003, abgedruckt in Neue Juristische Wochenschrift 2003, S. 2230 ff.

Abschluss des Darlehensvertrages zu dem damaligen Zinssatz für die Länge der Zinsfestschreibung am Kapitalmarkt refinanziert. Bei vorzeitiger Rückzahlung muss die Bank die Refinanzierung auflösen. Liegen veränderte Marktzinsen zum Zeitpunkt der vorzeitigen Rückzahlung des Darlehens vor, so kann die Bank das Geld nicht mehr zu dem gleichen Marktzins neu anlegen, sondern nur zum aktuellen Marktzins, der niedriger sein kann. Ein ersatzfähiger Refinanzierungsschaden entsteht der Bank also immer dann, wenn der vertraglich vereinbarte Zinssatz höher ist als der aktuelle Marktzins zum Zeitpunkt der vorzeitigen Rückzahlung. Je größer der Abstand zwischen dem vertraglich vereinbarten Zinssatz und dem Marktzins bei der Rückzahlung desto größer wird der Schadensersatzanspruch der Bank.

Der **Margenschaden** stellt die Minderung des Gewinns der Bank dar, der sich aus der vorzeitigen Rückzahlung ergibt. Die Bank erzielt ihren Gewinn daraus, dass sie für das Darlehen vom Kunden einen höheren Darlehenszins fordert als sie selbst für die Refinanzierung am Kapitalmarkt zahlt. Dieser Zinsunterschied wird als Marge bezeichnet. Wird das Darlehen vorzeitig zurückgezahlt, erzielt die Bank für den Zeitraum bis zum Ende der laufenden Zinsbindung diese Marge nicht mehr. Dieser Verlust an künftigem Ertrag ist der Margenschaden, der sich aus der vorzeitigen Rückzahlung des Darlehens ergibt. Bei der Berechnung des Zinsmargenschadens muss die Bank nach ständiger Rechtsprechung eine Netto-Zinsmarge ansetzen, welche um die Positionen der eingepreisten Risikokosten und um den ersparten Verwaltungsaufwand zu kürzen ist.

Aus diesen beiden Positionen ergibt sich der Gesamtschaden, der der Bank durch die vorzeitige Abwicklung des Darlehensvertrages entsteht. Dieser Gesamtschaden ist die Basis der Vorfälligkeitsentschädigung. Der ermittelte Betrag der Vorfälligkeitsentschädigung ist auf den Zeitpunkt der Zahlung abzuzinsen. Der Schaden kann für einen Zeitraum von maximal 10 Jahren angesetzt werden.[28] In einer wichtigen Grundsatzentscheidung vom 19.01.2016 hat der Bundesgerichtshof außerdem entschieden, dass die Bank bei der Berechnung der Vorfälligkeitsentschädigung künftige Sondertilgungsrechte des Darlehensnehmers berücksichtigen muss.[29] Das reduziert im Ergebnis die Höhe der Vorfälligkeitsentschädigung.

Die praktische Erfahrung lehrt, dass von den Banken vorgelegten Berechnungen von Vorfälligkeitsentschädigungen mitunter fehlerhaft und überhöht sind. Die Stiftung Warentest hält auf ihrer Internetseite ein recht nützliches Excel-Rechentool für die Ermittlung der Höhe der Vorfälligkeitsentschädigung zum kostenlosen Download

---

[28] Das ergibt sich aus § 489 Absatz 1 Nr. 2 BGB und aus Bundesgerichtshof, Urteil v. 28.04.1988, abgedruckt in BGHZ, Band 104, S. 337 (343).

[29] Bundesgerichtshof, Urteil v. 19.01.2016 (Az XI ZR 388/14). Ich verweise darüber hinaus auf meine dazu veröffentlichte Pressemitteilung, die Sie unter dem folgenden Kurzlink abrufen können: https://goo.gl/QRvYmF

bereit.[30] Damit können Sie zumindest einen Plausibilitätscheck machen, ob die Bank die Höhe der Entschädigung
korrekt berechnet hat.

Eine Vorfälligkeitsentschädigung kommt auch dann in
Betracht, wenn der Bankkunde das Darlehen gar nicht ab-
ruft obwohl ein wirksamer Darlehensvertrag geschlossen
worden ist (z.B. weil der Immobilienkauf sich zerschlagen
hat oder weil der Darlehensnehmer ein günstigeres Angebot gefunden hat). In einem solchen Fall wird der Anspruch der Bank als **Nichtabnahmeentschädigung** bezeichnet wird, aber in der Sache identisch berechnet wie
eine Vorfälligkeitsentschädigung.[31]

Die Einzelheiten der korrekten Berechnung sind au-
ßerordentlich kompliziert. Das wird leider in Einzelfällen
von Banken ausgenutzt, um zu verschleiern, dass sie sich
bei der Berechnung der Vorfälligkeitsentschädigung nicht
an die Vorgaben des Gesetzes und der Rechtsprechung
halten. Die Stiftung Warentest hält auf ihrer Internetseite
ein recht nützliches Excel-Rechentool für die Ermittlung
der Höhe der Vorfälligkeitsentschädigung zum kostenlosen Download bereit.[32] Damit können Sie zumindest einen
Plausibilitätscheck machen, ob die Bank die Höhe der
Entschädigung korrekt berechnet hat.

---

[30] Ich verweise dazu auf die folgende Internetseite:
https://goo.gl/n299CT

[31] Bundesgerichtshof, Urteil v. 07.11.2000, abgedruckt in
Wertpapiermitteilungen - Zeitschrift für Wirtschafts- und
Bankrecht 2001, S. 20 ff.

[32] Ich verweise dazu auf die folgende Internetseite:
https://goo.gl/n299CT

Bei Zinsfestschreibungen für Immobilienkredite, die länger als 10 Jahre dauern, besteht die Möglichkeit, ohne Vorfälligkeitsentschädigung aus der Festzinsbindung vorzeitig nach 10 Jahren auszusteigen. Diese Möglichkeit ergibt sich aus § 489 Absatz 1 Nr. 2 BGB. Sie ist zwingendes Recht und kann vertraglich nicht ausgeschlossen werden, gilt mithin unabhängig vom Inhalt Ihres Darlehensvertrages immer. Die 10-Jahres-Frist beginnt ab dem Datum des vollständigen Empfangs des Darlehensbetrages. Bei Auszahlung in Teilbeträgen beginnt die Frist erst mit der Auszahlung des letzten Teilbetrages zu laufen. Bei laufenden Darlehensverträgen tritt an die Stelle der Auszahlung die Vereinbarung einer neuen Festzinsbindung nach Auslaufen der alten Festzinsperiode.[33]

Eine weitere Möglichkeit zur Vermeidung der Vorfälligkeitsentschädigung wurde in einem Grundsatzurteil des Bundesgerichtshofes im Jahre 2004 aufgezeigt:[34] Wer ein Haus oder die Eigentumswohnung verkauft und deshalb den Immobilienkredit vorzeitig kündigen will, kann seiner Bank die Fortführung des Altkredits mit Hilfe einer gleichwertigen Sicherheit anbieten und damit der Bank den Anspruch auf Vorfälligkeitsentschädigung aus der Hand schlagen. Allerdings funktioniert dieser Kniff nur dann, wenn die Alternativimmobilie, auf die das Darlehen und die Grundschuld *„umgezogen"* werden sollen, der Bank zuzumuten ist und gleiche Sicherheit bietet.

---

[33] § 489 Abs. 1 Nr. 2 BGB.

[34] Siehe Bundesgerichtshof, Urteil vom 3. 2. 2004, abgedruckt in Neue Juristische Wochenschrift 2004, S. 1730 ff.

c) Abschluss- oder Bearbeitungsgebühren

In der Praxis begegnen einem Darlehensnehmer zuweilen noch Abschlussgebühren für Immobiliendarlehen. Die Rechtsprechung zur Zulässigkeit solcher Gebühren war lange Zeit uneinheitlich. Der Bundesgerichtshof hat diese Frage mit Urteil vom 13.05.2014 nun letztverbindlich dahingehend entschieden, dass Abschlussgebühren und Bearbeitungsgebühren für einen Darlehensvertrag den Darlehensnehmer unangemessen benachteiligen und daher in Musterverträgen unzulässig sind.[35]

d) Bereitstellungszinsen

Wenn Sie Darlehensverträge oder Darlehensangebote genau unter die Lupe nehmen, werden Sie in aller Regel feststellen, dass dort eine Position auftaucht mit der Bezeichnung „Bereitstellungszinsen", die mit Ablauf eines bestimmten Datums zu laufen beginnen. Diese Bereitstellungszinsen sind in der Regel mit einem Prozentsatz bezeichnet, der auf den Monat und nicht auf das Jahr bezogen ist. Wenn ein Bereitstellungszinssatz von 0,25% pro Monat ausgewiesen ist, bedeutet das, dass jährlich 3,0% Bereitstellungszinsen anfallen (= 12 x 0,25%). Die Berechnung von Bereitstellungszinsen ist rechtlich nicht zu beanstanden und vom Bundesgerichtshof bereits für zulässig erklärt worden.[36] Sie werden also kaum verhandeln

---

[35] Bundesgerichtshof, Urteil v. 13.05.2014, abgedruckt in Zeitschrift für Bank – und Kapitalmarktrecht 2014, S. 415 ff.

[36] Bundesgerichtshof, Urteil v. 08.02.1994, abgedruckt in Neue Juristische Wochenschrift 1994, S. 1275 ff.

können, dass Sie keine Bereitstellungszinsen zahlen müssen. Allenfalls verhandelbar ist das Zeitfenster einer bereitstellungszinsfreien Zeit. Handelsüblich sind 6 Monate ab Vertragsunterzeichnung. Der sicherste Weg zur Vermeidung von Bereitstellungszinsen ist eine gute Planung des Erwerbs. Bei einer Bauzeitfinanzierung für die Errichtung eines neuen Eigenheims werden Sie Bereitstellungszinsen kaum vermeiden können, weil die Bauphase und die Auszahlungen nach Baufortschritt sich in aller Regel über mehr als 6 Monate hinziehen.

II. WIE FINDET MAN DIE RICHTIGE IMMOBILIE UND DEN ANGEMESSENEN KAUFPREIS?

Jetzt müssen Sie „nur" noch eine geeignete Immobilie finden. Leider ist die schlechte Nachricht, dass dieser Teil der Arbeit deutlich zeitaufwendiger ist. Beginnen wir mit einer Betrachtung, über welche Kanäle Sie Immobilienangebote finden und welche Vor- und Nachteile diese haben.

1. KLASSISCHE & INNOVATIVE EINKAUFSQUELLEN

a) Internetportale

Als erstes denkt natürlich jeder an das Internet und die bekannten Immobilienportale. Allen voran der Marktführer Immobilienscout24.[37] Dann gibt es da noch das Portal Immowelt[38] und diverse kleinere Portale. Ich bin der Meinung, dass es ausreichend ist, diese zwei Portale im Blick zu behalten, weil weitere Portale in der Regel nur einen Ausschnitt der am Markt angebotenen Immobilien beinhalten. Es wäre daher Zeitverschwendung, Dubletten in anderen Portalen zu sichten, die auch bei den Marktführern eingestellt sind. Denn Verkäufer von Immobilien sind in heutiger Zeit hinreichend schlau, ihre Angebote zumindest auch auf den größten und wichtigsten Marktplätzen

---

[37] www.immobilienscout24.de

[38] www.immowelt.de

ins Schaufenster zu stellen. Es wäre naiv, etwas anderes anzunehmen und auf einem abseitigen Internetportal einen versteckten Rohdiamanten zu suchen.

Wenn Sie beginnen, auf diesen Portalen zu stöbern, werden Sie nach einiger Zeit feststellen, dass dort viele Ladenhüter eingestellt sind, die in den Trefferlisten immer wieder auftauchen. Wenn Sie diese Ladenhüter einmal gesichtet haben, ist es für Sie jedoch eher lästig, immer wieder auf diese zu stoßen. Daher empfehle ich Ihnen, ein Suchprofil bei diesen Portalen anzulegen und eine automatisierte Emailbenachrichtigung zu aktivieren, wenn neue Angebote eingestellt werden. Das spart viel Zeit, weil Sie dann nicht mehr mit Adleraugen endlose Trefferlisten nach neuen Angeboten durchsuchen müssen. Außerdem ist so sichergestellt, dass Sie sofort nach Einstellung eines Angebotes auf dem Portal per Email auf dieses aufmerksam gemacht werden. Das ist ein nicht zu unterschätzender Vorteil. Denn bei den derzeit sehr angespannten Märken mit einem starken Überhang der Nachfrage über das Angebot werden potentielle Verkäufer von Immobilien relativ schnell mit Anfragen von Kaufinteressenten geradezu bombardiert. Das führt bei den Verkäufern dazu, dass diese nur den ersten Anfragen echte Aufmerksamkeit widmen und nach einiger Zeit die „Rollläden herunterlassen" und weitere Anfragen ignorieren.

b) Immobilienmakler

Beim Durchstöbern der Immobilienportale werden Sie relativ schnell auf Angebote von Immobilienmaklern stoßen. Möglicherweise werden Sie dabei auch den Eindruck gewinnen, dass Sie im Zielmarkt an Immobilienmaklern gar nicht vorbeikommen. Vor diesem Hintergrund möchte ich Sie auch über die rechtlichen Hintergründe und Zusammenhänge informieren, damit Sie wissen worauf es beim Kontakt mit Maklern ankommt.

Der Immobilienmakler hat dann Anspruch auf eine Maklerprovision, wenn der Kaufvertrag durch seinen **Nachweis oder** durch seine **Vermittlung** wirksam zustande kommt. Da ein Kaufvertrag über Immobilien der notariellen Beurkundung bedarf, kann der Provisionsanspruch somit erst mit notarieller Beurkundung des Kaufvertrages entstehen. Nicht selten drängen Makler darauf, den Provisionsanspruch in den notariellen Kaufvertrag aufzunehmen. Davon ist jedoch abzuraten, da das die Notargebühren erhöht und darüber hinaus spätere Einwendungen gegen die Wirksamkeit des Provisionsanspruches abschneidet. Dafür besteht auch keine Notwendigkeit, weil der Provisionsanspruch des Maklers im Maklervertrag geregelt ist. Daher sollten Sie einen solchen Vorschlag des Maklers mit diesen Argumenten ablehnen.

Wenn Sie feststellen, dass Sie bei der Objektsuche nicht um einen Makler und damit eine Maklerprovision herumkommen, dann können Sie aus der Not eine Tugend machen und den Makler gezielt einschalten, um diesen mit der Suche nach einem bestimmten Objekt zu beauftragen. Der Vorteil dabei ist, dass Sie die Konditionen des Maklervertrages von Anfang an verhandeln und beeinflussen können und dem Makler darüber hinaus genaue Kriterien an die Hand geben können, damit dieser Ihnen gezielt die passenden Angebote anträgt. Eine solche

Vorgehensweise kann auch dazu führen, dass der Makler Sie bei Eingang eines passenden Angebotes vorab kontaktiert und Sie somit früher als andere Immobilieninteressenten das Angebot prüfen können. Da Sie den Makler nur im Erfolgsfall bezahlen müssen (es sei denn, der Vertrag sieht etwas anderes vor), kostet Sie die Einschaltung von Maklern mit einem Suchauftrag auch so lange nichts, wie der Makler Ihnen kein geeignetes Objekt nachweist und Sie keinen Kaufvertrag abschließen.

Die große Kunst beim gelungenen Immobilienerwerb besteht auch in dem richtigen Timing, d.h. zur richtigen Zeit am richtigen Ort zu sein, um gezielt zugreifen zu können. Gute Angebote sprechen sich natürlich schnell herum und dann sind Sie nicht der einzige, so dass der Preis von mehreren Interessenten in die Höhe getrieben werden kann oder das Objekt bereits verkauft ist, wenn Sie erstmals davon erfahren. In diesem Zusammenhang kann es auch einen taktischen Vorteil bringen, einen Makler mit einem Vermittlungsauftrag einzuschalten, um den entscheidenden zeitlichen Vorsprung zu gewinnen.

Hierbei ist auch wichtig, dass Sie mit den richtigen Immobilienmaklern in Kontakt kommen. Ein schlecht verdrahteter Makler mit wenigen Immobilien im Vermittlungsbestand wird natürlich eher die Tendenz entwickeln, Ihnen die wenigen verfügbaren Immobilien schön zu reden als ein Makler, der ein breit gefächertes Angebot hat. Hier können Sie durch ein bestimmtes Auftreten und durch die Mitteilung eines möglichst exakten Suchprofils dem Makler helfen, Sie zum richtigen Objekt zu führen. Gleichzeitig können Sie durch die Reaktion des Maklers

auf die Mitteilung Ihres Suchprofils interessante Rückschlüsse ziehen, die eine Einschätzung ermöglichen, ob
der Makler der richtige Partner ist, der Sie zu dem ge-
wünschten Objekt führen kann. Wenn der Makler merkt,
dass Sie genaue Vorstellungen haben und davon nicht ab-
rücken, wird ein schlecht verdrahteter Makler das Interesse verlieren, weil er erkennt, dass er Ihnen die gewünschte Immobilie nicht vermitteln kann und daher nur
seine und Ihre Zeit vergeudet. Ein entsprechend gut verdrahteter Makler wird daraufhin nur gezielt Angebote
heraussuchen, die Ihren Vorstellungen möglichst nahe
kommen.

Daher ist es sehr wichtig, vor der Einschaltung eines
Maklers zunächst selbst Klarheit zu gewinnen über das
eigene Suchprofil. Das immunisiert Sie auch gegen un-
sachliche Einflüsterungen, die Sie vom Weg abbringen
könnten und ermöglicht Ihnen, die notwendige Bestimmtheit an den Tag zu legen, um den Makler gezielt
steuern zu können.

c) Suchanzeigen

Suchanzeigen können ein durchaus innovatives Instrument sein, um eine Gelegenheit zum Kauf von Immobilien zu erschließen. Allerdings muss die Wirksamkeit bei
der derzeitigen Marktlage bezweifelt werden, die durch
einen starken Überhang der Nachfrage über das Angebot
geprägt ist. Ein Verkäufer wird daher bei derzeitiger
Marktlage in aller Regel nicht darauf verzichten, seine
Immobilie auf den Marktplätzen der großen Internetpor-
tale anzubieten, um von der großen Nachfrage zu profitie-

ren und einen möglichst hohen Preis zu erzielen. In einem
Käufermarkt mit umgekehrten Vorzeichen wären Such-
anzeigen durchaus ein viel versprechendes Instrument.
Eine Einschränkung wäre allenfalls für weniger gefragte
Regionen zu machen.

d) Netzwerken

Das Netzwerken ist nach meiner Auffassung eine der
besten Möglichkeiten, an gute Angebote für Immobilien
heranzukommen. Damit meine ich den Aufbau und die
Pflege von privaten und beruflichen Kontakten. Das
schließt sowohl das Netzwerken im klassischen Umfeld
als auch das Netzwerken im Internet ein.

Im Internet gibt es diese Möglichkeit z.B. über Google+
oder Facebook. Dort gibt es Communities, die zu bestimmten Themen und Interessensgebieten gegründet wurden.
Sicherlich haben Sie einige Hobbies und private Interessen, die Sie ohnehin pflegen möchten. So können Sie das
angenehme mit dem Nützlichen verbinden. Darüber hinaus gibt es auf diesen Plattformen auch Communities zu
professionellen Themen, die Sie zum Aufbau von professionellen Netzwerken nutzen können.

Wenn Sie zum Beispiel Rechtsanwalt sind und
schwerpunktmäßig im Familienrecht tätig, dann kann es
sich anbieten, ein professionelles Netzwerk zu anderen
Rechtsanwälten aufzubauen, die ebenfalls auf diesem
Rechtsgebiet tätig sind. Insbesondere anlässlich von Ehe-
scheidungen kommt es häufig zum Verkauf von Immobilien, weil ein Zugewinnausgleich von einem Ehepartner
an den anderen gezahlt werden muss oder weil schlicht

und einfach gemeinsames Vermögen auseinandersetzt werden muss. Nicht selten wird dann der Scheidungsanwalt gefragt, ob er Interessenten für den Kauf von Immobilien kennt. Aus dem gleichen Grund könnten Sie z.B. auch ein Netzwerk zu Notaren aufbauen. Denn auch mit Notaren gibt es berufliche Überschneidungen bei einer Tätigkeit als Rechtsanwalt auf dem Gebiet des Familienrechtes. Man denke nur an Eheverträge oder Testamente. Diese Beispiele lassen sich beliebig fortsetzen und ausdifferenzieren. Wenn Sie etwas nachdenken in diese Richtung und sich selbst keine Denkverbote auferlegen, werden auch Ihnen intelligente Anknüpfungspunkte einfallen für innovatives Netzwerken zur Erschließung von günstigen Gelegenheiten zum Kauf von Immobilien. Gerade in angespannten Märkten wie wir sie derzeit vorfinden, sind solche innovativen Strategien zielführender als mit tausenden von anderen Interessenten auf ausgetretenen Pfaden um die wenigen Angebote zu kämpfen.

2. GRUNDÜBERLEGUNGEN ZUM WERT UND ZUM KAUFPREIS

Auch wenn Sie eine Immobilie für die Eigennutzung erwerben, sollten Sie sich grundlegende Gedanken machen über die Werthaltigkeit und Wertentwicklung von Immobilien. Denn Sie können nicht ausschließen, dass Sie die Immobilie später verkaufen müssen oder verkaufen wollen. Spätestens dann holt Sie die Frage ein, ob die Immobilie sich wertstabil entwickelt hat oder nicht. Davon abgesehen haben Sie natürlich auch ein Interesse daran, die Immobilie nicht überteuert einzukaufen. Sie müssen sich daher Gedanken über den angemessenen Kaufpreis für Ihr künftiges Eigenheim machen.

Der Wert einer Immobilie ist keine mit mathematischer Präzision messbare Größe. Er ergibt sich vielmehr aus verschiedensten Faktoren und aus der aktuellen Marktsituation. Bei der Frage, welcher Kaufpreis angemessen ist, kann es zur Orientierung sehr hilfreich sein, zunächst die verfügbaren Marktdaten auszuwerten, die für den konkreten Standort vorhanden sind. Dabei sollten Sie auf möglichst zuverlässige Datenquellen zurückgreifen.

a) Vergleichswertverfahren

Eine aussagekräftige Informationsquelle sind die amtlich ermittelten Bodenrichtwerte für Grundstücke und die Marktrichtwerte für Wohnungen. Diese Daten beruhen auf dem Vergleichswertverfahren. Grundlage für die jährlich aktualisierten Veröffentlichungen durch den Gutachterausschuss sind die in der Gemeinde tatsächlich erfolgten Grundstücksverkäufe. Diese müssen dem Gutachterausschuss von den Notaren gemeldet werden. Die Ergebnisse dieser Arbeit werden der Allgemeinheit in Form von Bodenrichtwerttabellen und Bodenrichtwertkarten zugänglich gemacht, die gegen eine Gebühr bei den Gutachterausschüssen bezogen werden können. Die meisten Daten können auch kostenfrei über das Internet abgerufen werden.[39]

Der Bodenrichtwert ist ein Durchschnittswert, der auf den m^2 Grundstückfläche heruntergebrochen ist. Die Gutachterausschüsse ermitteln darüber hinaus Marktrichtwerte für Eigentumswohnungen, indem auch hierfür durchschnittliche Preise pro m^2 Wohnfläche ermittelt werden. Da die von den Gutachterausschüssen ermittelten Zahlen aus tatsächlichen Vertragsabschlüssen und den daraus gewonnen Daten abgeleitet werden, sind diese durchaus aussagekräftig. Dabei sollte Ihnen aber bewusst sein, dass es sich um Durchschnittszahlen handelt, die Sie nach oben oder unten abrunden können, wenn die konkrete Mikrolage und der bauliche Zustand der Immobilie das nahelegen.

b) Ertragswertverfahren

Bei der Bewertung von vermieteten Renditeimmobilien wird in der Regel das Ertragswertverfahren verwendet. Dabei wird als Grundlage der Wertermittlung die **erzielbare Miete** verwendet. Wenn Sie die jährlich nachhaltig erzielbare Miete durch die Anschaffungskosten teilen, ergibt sich daraus die jährliche Mietrendite in %. Die Rendite einer Immobilie sagt etwas über den Ertrag aus, den die Immobilie pro Jahr abwirft.

---

[39] Ich verweise dazu auf die folgende Internetseite, über die Sie die jeweiligen Internetseiten der Bundesländer mit Datenbanken über die dortigen Bodenrichtwerte erreichen können: http://www.gutachterausschuesse-online.de

Sie mögen nun einwenden, dass Sie das alles nicht interessiert, weil Sie ja schließlich nur ein Eigenheim erwerben wollen und gar nicht an einer Vermietung interessiert sind. Diese Überlegungen sind jedoch gleichwohl hilfreich, weil sie so besser beurteilen können, ob der vom Verkäufer geforderte Kaufpreis angemessen oder überzogen ist. Außerdem können Sie nicht ausschließen, dass Sie die als Eigenheim erworbene Immobilie später verkaufen müssen oder verkaufen wollen. Auch deshalb sind Überlegungen zum angemessenen Ertragswert sinnvoll.

Wenn man den jährlichen Mietertrag zu den Anschaffungskosten ins Verhältnis setzt, dann ergibt sich daraus der so genannte Vervielfältiger oder Multiplikator. Es handelt sich dabei um den Kehrwert der Rendite.

$$\frac{\textbf{Anschaffungskosten}}{\textbf{Jahresnettomiete}} = \textbf{Vervielfältiger}$$

Dieser Wert gibt an, wie viele Jahre es dauert, bis Sie als Immobilienerwerber das eingesetzte Kapital für die Anschaffung über Mieteinnahmen wieder erwirtschaften können. Bei einem Vervielfältiger von 14 würde es (vereinfacht ausgedrückt) also 14 Jahre dauern, bis die Anschaffungskosten über Mieteinnahmen wieder hereingeholt sind. Die folgende Tabelle weist beispielhaft die Werte der Renditen für bestimmte Vervielfältiger aus:

Verviel-fältiger	25	20	16,7	14,3	12,5	11,1	10	9,1	8,3
Rendite	4%	5%	6%	7%	8%	9%	10%	11%	12%

Aus den Zahlen dieser Tabelle wird sofort ersichtlich, dass die Rendite bei einem hohen Vervielfältiger sinkt und bei einem niedrigen Vervielfältiger steigt. Diese Zahlen sagen damit Folgendes aus: Bei guten Immobilien in guten Lagen ist die Rendite wegen des geringeren Risikos von Leerstand niedriger während sie bei schlechten Immobilien in schlechten Lagen wegen des höheren Risikos von Leerstand höher ausfällt. Bei Immobilien gelten mithin die gleichen Regeln wie für Kapitalanlagen im Allgemeinen: Eine hohe Rendite indiziert ein hohes Risiko und eine niedrige Rendite indiziert ein niedriges Risiko.

Insgesamt können Sie als Faustformel zugrunde legen, dass eine Rendite von 5% bzw. ein Vervielfältiger von 20 im Normalfall einen fairen Kaufpreis für eine durchschnittliche Immobilie darstellt. Weist die Immobilie eine überdurchschnittlich gute Lage oder Ausstattung auf, kann auch ein höherer Vervielfältiger gerechtfertigt sein. Aktuelle Durchschnittszahlen für Marktmieten und Vervielfältiger ausgewählter Städte können Sie z.B. aus Marktberichten großer Immobilienmaklerunternehmen ableiten.[40] Es kann nicht schaden, einen Blick darauf zu

---

[40] Ich verweise z.B. auf die folgende Internetseite des Maklers Engel & Völkers: https://goo.gl/7TG712

werfen, um die Ermittlung eines angemessenen Kaufpreises für das Eigenheim zumindest zu plausibilisieren.

c) Adjustierung der Durchschnittswerte

Die Durchschnittswerte nach dem Vergleichswert-
und Ertragswertverfahren müssen im Einzelfall individuell adjustiert werden durch angemessene Zuschläge oder
Abschläge. Die Anpassungen erfolgen in Abhängigkeit
vom Mikroumfeld bzw. vom baulichen Zustand der Immobilie.

Für die Beurteilung des Wertes einer Immobilie spielt
natürlich die Lage nach allen Bewertungsverfahren eine
herausragende Rolle. Sie drückt sich sowohl in den Bodenrichtwerten beim Vergleichswertverfahren als auch in
dem Vervielfältiger beim Ertragswertverfahren aus.
Pflichtübung ist daher in jedem Fall eine kritische Analyse
der Mikrolage der Immobilie, um über Zu- oder Abschläge
im Einzelfall nachzudenken. Denn der Wert und die Wertentwicklung eines Grundstückes werden maßgeblich
auch durch das direkte Umfeld und die zu erwartende
Entwicklung des Umfeldes geprägt. Dazu gehört auf jeden
Fall die Prüfung der folgenden Punkte:

- Anbindung an öffentliche Verkehrsmittel und das
  Straßennetz
- Parkmöglichkeiten
- Einkaufsmöglichkeiten
- Freizeitmöglichkeiten (Gastronomie, Parks und Seen)
- windgeschützte Lage
- Lichtverhältnisse

- geologische Aspekte (erhöhte Lage oder Lage in einer Senke und Bodenbeschaffenheit)

Andererseits müssen Sie auch eine schonungslose Bestandsaufnahme von negativen Faktoren machen wie z.B.:

- Verkehrslärm
- Fluglärm
- lärmintensive Gewerbebetriebe in der Umgebung
- mögliche Geruchsbelästigung (Kläranlagen, Müllverbrennungsanlagen oder Schlachthöfe)
- Grundwasserverhältnisse (drückendes Wasser und Gefahr von Feuchtigkeitsschäden am Fundament)

Es reicht jedoch nicht aus, sich nur mit der gegenwärtigen Situation zu befassen. Es sind auch mögliche Änderungen in der Zukunft in die Bewertung des Standortes einzubeziehen. Denn Sie können nicht davon ausgehen, dass alles so bleibt wie es ist. Selbstverständlich wirken sich mögliche und erst Recht bereits beschlossene und alsbald erfolgende Veränderungen des Umfeldes auf die Wohnqualität und auf die Wertentwicklung einer Immobilie aus. Erkundigen Sie sich daher möglichst genau, wie die Gegend um das Grundstück in den nächsten Jahren aussehen könnte. Wenn Sie z.B. eine Immobilie kaufen, die sich in der Nähe eines Flughafens befindet, dann müssen Sie einkalkulieren, dass sich die derzeit vielleicht noch erträgliche Lärmbelästigung massiv erhöhen kann durch einen Flughafenausbau und etwaige Änderungen der Ausrichtung einer Einflugschneise. Eine solche Änderung des Umfeldes würde sich gravierend auf den Wert der Immobilie auswirken.

Ein anderes Beispiel wäre der Kauf einer Eigentumswohnung in einem innerstädtischen Problemviertel einer
Großstadt. Wenn Sie hier z.B. mit einem tristen Umfeld zu
tun haben, welches durch Industriebrachen, schlechte Inf-
rastruktur und Konzentration von bestimmten sozialen
Schichten im Umfeld der Immobilie geprägt ist, dann sind
das Faktoren, die zunächst einmal negativ für die Bewertung der Lage wirken. Bei einer reinen Bestandsaufnahme
des Ist-Zustandes würde die Bewertung des Umfeldes daher eher schlecht ausfallen. Wenn das Viertel jedoch
durch einen Beschluss des Stadtrates zu einem Sanie-
rungsgebiet erklärt wird und daher in den folgenden Jahren in den Genuss durchgreifender städtebaulicher Ver-
besserungen kommen wird, so dürfte diese Entwicklung
sich auf das Umfeld und damit auch auf den Immobilien-
wert positiv auswirken. In diesem Fall müsste in die Bewertung des Standortes natürlich die zu erwartende Entwicklung des Umfeldes mit einbezogen werden mit dem
Ergebnis, dass in diesem Viertel mit hoher Wahrscheinlichkeit erhebliche Wertsteigerungen der Grundstücke
und Immobilien zu erwarten sind.

Darüber hinaus kann die Einsichtnahme in den Bebauungsplan aufschlussreich sein. Der Bebauungsplan
enthält Festsetzungen über die grundsätzlich vorgesehene
Bebauung in einem Gebiet (z.B. reine Wohngebiete, allge-
meine Wohngebiete, Mischgebiete, Gewerbegebiete etc.).
Der Gebietstypus wiederum gibt an, welche Nutzungen
zulässig sind, die in Form eines entsprechenden Nut-
zungskataloges weiter ausdifferenziert sein können. Damit
lässt der Bebauungsplan bereits überschlägige Schlussfol-

gerungen über den Charakter eines Gebietes und über die zu erwartende künftige Entwicklung des Umfeldes der Immobilie zu. In einem reinen Wohngebiet müssen Sie z.B. nicht mit der Ansiedlung von Handwerksbetrieben mit entsprechender Lärmbelastung rechnen. In Mischgebieten ist mit so etwas durchaus zu rechnen. Wenn z.B. in unmittelbarer Nachbarschaft Baulücken oder unbebaute Grundstücke vorhanden sind, dann ist in einem Mischgebiet nicht auszuschließen, dass sich dort ein lärmintensiver Gewerbebetrieb ansiedelt. In einem Gewerbegebiet mit vereinzelter Wohnbebauung ist das Risiko eines solchen neuen Nachbarn sogar noch viel größer. Wie Sie sehen, kann der Bebauungsplan eine sehr interessante Informationsquelle sein.

Wenn Sie alle Faktoren für die Bewertung der Lage und die mögliche Wertentwicklung einer Immobilie analysieren wollen, dann müssen Sie auch globale und langfristige Entwicklungstrends in die Überlegungen der Standortwahl mit einbeziehen. Damit meine ich die globale Betrachtung der Entwicklung der Immobilienwerte über längere Zeiträume unter Einbeziehung von Entwicklungstrends in verschiedenen Regionen. Solche Überlegungen können für Sie auch zu der Erkenntnis führen, dass es bei wirtschaftlicher Betrachtung sinnvoller ist, eine Immobilie zu mieten statt zu kaufen. Das wäre z.B. in Regionen der Fall, für die mit Sicherheit ein erheblicher Wertverfall bei Immobilien zu erwarten ist. Dazu erfahren Sie mehr in dem nachfolgen Abschnitt.

d) Langfristige & überregionale Trends

Die langfristige Wertentwicklung von Wohnimmobilien ist Gegenstand diverser Studien.[41] Der Ansatz der Studien beruht darauf, zunächst die verfügbaren Daten über die Wertentwicklung in der Vergangenheit auszuwerten und aufzubereiten, um in einem zweiten Schritt die weitere Wertentwicklung in der Zukunft zu prognostizieren. Die nachfolgende Karte stellt die Erwartungen der Wertentwicklung verschiedener Regionen und Standorte dar. An dieser Karte können Sie sehr schön ablesen, in welchen Regionen mit Wertstabilität und Wertsteigerungen zu rechnen ist und in welchen Regionen eher mit einem Preisverfall.

---

[41] Ich verweise z.B. auf Westerheide, Determinanten für die langfristige Wertentwicklung von Wohnimmobilien, Studie des Zentrums für Europäische Wirtschaftsforschung, Mannheim 2010

Abbildung 1:

Postbank-Studie "Wohneigentum 2015"

Die Karte und eine Zusammenfassung der Ergebnisse dieser Studie finden Sie auf der folgenden Internetseite:
https://goo.gl/Hbc6nw

3. VERHANDELN LOHNT SICH!

Selten werden Immobilien zu dem Preis verkauft, der im Exposé des Maklers angegeben ist oder vom Verkäufer zu Beginn der Verhandlungen aufgerufen wird. Daher ist es ein Gebot der Vernunft, den geforderten Kaufpreis noch ein Stückchen nach unten zu verhandeln. Als Faustformel können Sie annehmen, dass die Kaufpreisvorstellungen des Verkäufers zu Beginn der Verhandlungen mindestens 10% höher angegeben werden als die tatsächliche Preisvorstellung und Schmerzgrenze. Lassen Sie sich auch nicht verwirren von Angaben des Verkäufers oder des Maklers des Verkäufers, dass es sich um einen „Festpreis" handelt. Es gehört zum Ritual dazu, dies zu Beginn der Verhandlungen zu behaupten.

Gleichwohl wäre es ein Fehler, den Verkäufer in den Gesprächen plump auf diese Annahme hinzuweisen und ohne weitere Begründung einen Preisnachlass von 10% zu verlangen. In den Verhandlungen geht es natürlich auch darum, dass der Verkäufer ernst genommen werden möchte. Wenn Sie ihm ins Gesicht sagen, dass er einen uralten Taschenspielertrick verwendet und zur Abkürzung von zähen und langwierigen Gesprächen einfach sofort 10% Preisnachlass gewähren soll, dann wird er sich vor den Kopf gestoßen fühlen und es besteht ein hohes Risiko, dass er die Verhandlungen abbricht bevor sie begonnen haben.

Daher spielt ein kluger Käufer das Spiel der Verhandlungsrituale brav mit und bekommt nach Ablauf der üblichen Phasen und Gespräche mindestens 10% Preisnachlass. Zu dem Ritual gehört auch dazu, dass der Käufer plausible Argumente für den geforderten Preisnachlass vorbringt und diese möglichst überzeugend ausleuchtet. Wenn Ihr Bausachverständiger die Immobilie in Augenschein genommen und eine Liste mit erforderlichen Instandsetzungsmaßnahmen erstellt und die Kosten dafür überschlägig geschätzt und aufgelistet hat, können Sie damit in den Verhandlungen natürlich sehr gut argumentieren.

Darüber hinaus können Sie mit Durchschnittszahlen argumentieren, die sich z.B. aus Marktberichten großer Immobilienmaklerunternehmen ableiten lassen.[42] Weitere schlagkräftige Argumente für eine Kaufpreisreduzierung lassen sich unter Umständen aus den Bodenrichtwerten und den Marktrichtwerten des Gutachterausschusses ableiten.[43] Diese Zahlen haben insbesondere deshalb einen argumentativ durchschlagenden Effekt, weil sie aus tatsächlichen Verkäufen am Belegenheitsort der Immobilie abgeleitet sind. Daher kann der Verkäufer gegen solche Zahlen des Gutachterausschusses wenig vorbringen. Allenfalls könnte argumentiert werden, dass die Mikrolage der Immobilie und der bauliche Zustand der Immobilie überdurchschnittlich gut sind. Auch dazu sollten Sie sich zum Zeitpunkt der Kaufpreisverhandlungen bereits ein Bild gemacht haben und daher präpariert sein, diesem Einwand des Verkäufers überzeugend zu begegnen. Dabei

---

[42] Ich verweise z.B. auf die folgende Internetseite:
http://www.engelvoelkers.com/de/unternehmen/research/

[43] Dazu finden Sie vertiefende Ausführungen in Abschnitt II. 2. a) dieses Buches.

sollte Ihnen bewusst sein, dass es sich den Bodenrichtwerten und den Marktrichtwerten um Durchschnittszahlen handelt, die Sie auch nach unten abrunden können,
wenn sie damit in Kaufpreisverhandlungen argumentieren. Bevor Sie jedoch mit diesen Zahlen argumentieren
und diese erforderlichenfalls in den Verhandlungen auch
mit Angabe der Quelle offenlegen, sollten Sie für sich
selbst rechnen und abgleichen, ob dieses Zahlenmaterial
geeignet ist, die derzeitige Kaufpreisvorstellung des Verkäufers nach unten zu verhandeln. Es wäre misslich wenn
die Zahlen dem Verkäufer Argumente für eine Erhöhung
seiner Kaufpreisvorstellungen liefern.

Weil Sie als kluger Käufer besonders günstig einkaufen
wollen, gehen Sie einen Schritt weiter und suchen plausible und möglichst überzeugende Argumente, dass der
durchschnittliche Wert aufgrund der Besonderheiten der
Mikrolage und des baulichen Zustandes des Gebäudes
nach unten zu korrigieren ist. Hierbei müssen Sie behut-
sam vorgehen. Die Argumente dürfen nicht „an den Haa-
ren herbeigezogen" wirken und müssen zumindest plausi-
bel sein. Sie müssen unbedingt den Eindruck vermeiden,
dass Sie den Verkäufer nicht ernst nehmen und ihm die
Immobilie unter Wert abluchsen wollen. Sonst besteht
nämlich ein hohes Risiko, sich die Kaufpreisvorstellungen
des Verkäufers verhärten oder dass er gar ärgerlich wird
und die Verhandlungen abbricht.

Verhandlungsgeschick ist eine hohe Kunst, die man
am besten durch viel Übung und Erfahrung lernt. Darüber
hinaus ist eine optimale Vorbereitung auf die Verhandlungen eine wichtige Erfolgszutat für gute Verhandlungs-

ergebnisse. Wenn Sie es mit einem sehr geschickten Verkäufer zu tun haben, dann verhandelt dieser nicht selbst, sondern lässt durch einen Immobilienmakler verhandeln. Dabei haben Sie den verhandlungstaktischen Nachteil, dass Sie keinen direkten Eindruck von dem Verkäufer bekommen und auch keine Schlussfolgerungen aus den Reaktionen des Verkäufers auf Ihre Argumente und Kaufpreisvorstellungen ableiten können. Mimik und Körpersprache können in Verhandlungen sehr aussagekräftige Informationsquellen sein. Diese Informationsquelle ist Ihnen in einer solchen Situation versperrt. Sie müssen hingegen einkalkulieren, dass der Makler Ihre Reaktionen und auch Ihre Körpersprache in den Verhandlungen sehr genau beobachtet und analysiert und dem Verkäufer davon berichtet. Sie können versuchen, den Verkäufer in die Kaufpreisverhandlungen einzubinden und vorschlagen, die Gespräche zu Dritt zu führen. Sie müssen aber damit rechnen, dass der Makler einen solchen Vorschlag (natürlich auf Anweisung des Verkäufers) ablehnt und z.B. darauf verweist, dass der Verkäufer ein vielbeschäftigter Mann mit wenig Zeit ist.

In einer solchen Konstellation ist es ratsam, so zu verhandeln als wäre der Makler personenidentisch mit dem Verkäufer. Häufig ist der Makler nämlich aufgrund von internen Vereinbarungen mit dem Verkäufer motiviert, einen möglichst hohen Kaufpreis zu erzielen. Daher wird er eine ähnliche Motivation wie der Verkäufer haben. Mit einem **feinen Unterschied**: Der Makler bekommt überhaupt kein Geld, wenn es gar nicht zum Kaufvertragsabschluss kommt. Und genau hier können Sie die Schwachstelle dieser Vorgehensweise des Verkäufers ausmachen. Wenn Sie dem Makler mit der notwendigen Härte und Bestimmtheit signalisieren, dass **Ihre** Kaufpreisvorstellungen schwieriger zu verändern sind als die Kaufpreisvorstellungen des Verkäufers, dann wird der Makler motiviert sein, den Verkäufer hinsichtlich der Preisvorstellungen stärker zu bearbeiten als Sie. Denn wenn es keinen Kaufvertrag gibt, verdient der Makler überhaupt keine Provision und geht leer aus. Daher wird der Makler eher versuchen, die Partei mit den weicheren Positionen zu bearbeiten als die Partei mit den härteren Positionen. Auch hier dürfen Sie den Bogen nicht überspannen, um die Verhandlungen nicht vor die Wand zu setzen.

III. VERMÖGENSAUFBAU MIT EIGENHEIMERWERB

Der Kauf einer Immobilie ist ein gern genutzter Baustein zum Vermögensaufbau und zur Altersvorsorge. Eine zentrale Frage ist, ob bei langfristiger Betrachtung ein Eigenheim tatsächlich günstiger ist als die Anmietung der Wunschimmobilie. Dabei spielen natürlich die eingesparte Miete und die Kosten der Finanzierung eine Rolle. Hinzu kommen noch die Kosten der Instandhaltung, für die der Eigenheimerwerber natürlich selbst verantwortlich ist. Eine weitere Rolle spielen zu erwartende Wertsteigerungen und Risiken eines Wertverfalls. Die Stiftung Warentest hat ein Excel-Berechnungstool entwickelt, mit dem man die Kaufvariante im Vergleich zur Mietvariante durchrechnen kann. Sie finden das Tool zum kostenlosen Download im Internet.[44]

Ein häufig genanntes Argument für den Erwerb einer selbstgenutzten Immobilie ist die Mietersparnis, die stattdessen in den Aufbau eigener Vermögenswerte gesteckt wird. Das Argument ist solange tragfähig wie die Mietersparnis nicht an anderer Stelle durch Kosten aufgefressen wird.

Durch eine zu teure Darlehensfinanzierung kann der Vorteil der Mietersparnis stark beschädigt werden. Aus diesem Grund halte ich es für unverzichtbar, dass ein Eigenheimerwerber sich mit der Gesamtzinslast des Darle-

---

[44] Ich verweise dazu auf die folgende Internetseite: https://goo.gl/iqMNzQ

hens befasst, die eine Art Miete für das von der Bank erhaltene Geld darstellt. Wenn die Gesamtzinslast zu hoch ausfällt, kann der Vorteil der Mietersparnis in sich zusammenfallen. Auch aus diesem Grunde enthält dieser Ratgeber als Bonusmaterial ein Excel-Berechnungstool, mit dem Sie die Kosten der Darlehensfinanzierung berechnen können. Ich verweise dazu auf das Kapitel IX.

Als weiterer Bestandteil einer Vergleichsrechnung müssen die Instandhaltungskosten berücksichtigt werden, für die Sie als Eigentümer ja selbst aufkommen müssen. Die tatsächlichen Instandhaltungskosten sind eine unbekannte Größe aus der Zukunft, da Sie heute nicht genau wissen können wann welche Reparatur ansteht. Es gibt jedoch Methoden zur Ermittlung von Durchschnittswerten für die Instandhaltungskosten auf der Grundlage von langfristigen Erfahrungswerten. Die korrekten Werte hängen natürlich auch vom Alter und vom Zustand der Immobilie ab. Als Faustformel können Sie mit den folgenden Werten pro m^2 Wohnfläche pro Jahr rechnen: Bei Immobilien bis zu einem Alter von 22 Jahren € 7,10 und bei solchen, die zwischen 22 und 32 Jahre alt sind € 9 und bei noch älteren Immobilien € 11,50.[45]

Schließlich ist noch die Frage einer möglichen Wertsteigerung bzw. eines Wertverfalls zu berücksichtigen. Hier spielt die Lage der Immobilie eine ganz erhebliche Rolle. In einigen Regionen Deutschlands wird langfristig mit einem weiteren Wertzuwachs gerechnet während in

---

[45] Ich verweise dazu auf die folgende Internetseite mit weiterführenden Informationen: https://goo.gl/GA4ztB

anderen Regionen eher mit einem Wertverfall zu rechnen ist. Ich verweise dazu auf die Grafik weiter oben in dem Abschnitt II. 2. d). Diese Grafik bildet die Prognosen der künftigen Wertentwicklung auf einer Deutschlandkarte ab und ist zur groben Orientierung durchaus hilfreich.

Darüber hinaus ist zu bedenken, dass der Immobilienkäufer von der Inflation profitiert. Zum einen muss er keine Miet-steigerungen in Höhe der Inflationsrate hinnehmen und zum anderen wird die Darlehensfinanzierung in der gleichen Zeit durch die Inflation verwässert.

Schließlich gibt es noch ein interessantes steuerrechtliches Argument, dass der Eigenheimerwerber häufig besser fährt als der Mieter: Die eingesparte Miete ist stets steuerfrei. Realisierte Veräußerungsgewinne aus Wertsteigerungen sind für den Eigennutzer ebenfalls steuerfrei.[46] Renditen aus Kapitalanlagen (z.B. in Aktien) hingegen sind steuerpflichtig und werden von der Abgeltungssteuer erfasst. Das gleiche gilt für Veräußerungsgewinne aus Aktien. Daher ist die Einbringung des Eigenkapitals in einen Immobilienerwerb unter steuerrechtlichen Aspekten ein Vorteil.

Es muss aber auch kritisch angemerkt werden, dass diese Überlegungen nicht dazu verleiten dürfen, bei der Auswahl der Immobilie und bei Strukturierung der Finanzierung sorglos zu werden. Die Rechnung sieht nicht mehr so positiv aus wenn die Kosten der Darlehensfinanzierung aus dem Ruder laufen. Das ist bei zu geringer Tilgung bei zu lang laufenden Finanzierungen der Fall. Darüber hinaus würde diese Rechnung auch dann sehr negativ beein-

---

[46] Ich verweise dazu auf die Ausführungen in Kapitel VIII. 1.

flusst, wenn eine Immobilie kein Wertentwicklungspotential aufweist sondern mit erheblichen Wertverlusten zu rechnen ist.

IV. DIE STRATEGISCHEN PARTNER

Kauf und Finanzierung einer Immobilie sind komplexe Vorhaben. Sie erfordern diverses Fachwissen und ein grundlegendes Verständnis des rechtlichen Rahmens. Nur im Ausnahmefall wird ein Käufer eines Eigenheims über die gesamte Bandbreite des notwendigen Fachwissens verfügen, um die Prüfung der Immobilie und den Kauf vollständig ohne Hilfe von Fachleuten zu stemmen.

Darüber hinaus gibt es weitere gute Gründe, strategische Partner einzubinden. Der geschickte Einsatz von Fachleuten kann auch verhandlungstaktische Vorteile bringen. Es ist ein wenig wie Schach spielen. Jede Art von Figuren auf dem Brett kann etwas, das andere Figuren nicht können und jede Figur ist dann am wertvollsten, wenn sie zur richtigen Zeit auf dem richtigen Feld steht und den richtigen Zug macht. Sie sind dabei der Schachspieler, der die Figuren bewegt und den strategischen Masterplan im Kopf haben muss.

Nehmen wir ein Bespiel: Sie sind zufälligerweise Bauingenieur oder Architekt von Beruf und haben durchaus ein Auge für die Beurteilung von Bausubstanz und von Baumängeln. Gleichwohl kann es aus verhandlungstaktischen Gründen hilfreich sein, einen Fachkollegen die Liste der Baumängel mit einer Schätzung der Kosten für die Beseitigung erstellen zu lassen. Denn eine von einem unabhängigen Dritten erstellte Liste strahlt in den Verhandlungen mit dem Verkäufer natürlich mehr Objektivität aus als eine von Ihnen selbst erstellte Liste. Daher lassen sich zielführende Kaufpreisverhandlungen damit besser führen.

Nachdem Sie nun erfahren haben, dass ein Netzwerk von Beratern und Dienstleistern sinnvoll und nützlich ist, stellt sich die nächste Frage: Welche Berater und Dienstleister brauchen Sie und wie wählen Sie diese aus.

1. DER IMMOBILIENMAKLER

Immobilienmakler sind für Sie wichtige Partner. Sie sind Zuträger von Angeboten und spielen darüber hinaus eine wichtige Rolle bei der Verhandlung des Kaufpreises. Daher ist es durchaus gut investierte Zeit, Kontakte zu Immobilienmaklern aufzubauen.

Darüber hinaus können Makler wertvolle Informationsquellen sein. Große Maklerbüros veröffentlichen z.B. Statistiken und interessante Informationen zur allgemeinen Marktlage und zu Teilmärkten.[47] Ein Makler kann Ihnen mitunter auch Hintergrundinformationen zu einem lokalen Immobilienstandort geben. Da jedoch nicht alle Makler über wirklich profunde Informationen verfügen, ist bei den gegebenen Informationen eine gewisse Skepsis geboten. Nach meiner Einschätzung ersetzt ein Makler als Informationsquelle keinesfalls eigene sorgfältige Prüfungen unter Auswertung aller verfügbaren Informationsquellen.

---

[47] Sehr informativ ist z.B. der jährlich aktualisierte Marktbericht des Maklerunternehmens Engel & Völkers. Sie finden den Marktbericht 2016/2017 auf folgender Internetseite: https://goo.gl/7TG712

Sie sollten sich darüber im Klaren sein, welche rechtlichen Verpflichtungen Sie eingehen, wenn Sie Kontakt zu Maklern aufnehmen und deren Leistungen in Anspruch nehmen. Daher möchte ich Sie im Schnelldurchlauf über das Immobilienmaklerrecht informieren: Ein Maklervertrag kann formlos geschlossen werden, sollte aber zu Beweiszwecken besser schriftlich fixiert werden. In der Praxis kommt der Vertrag mit dem Kaufinteressenten einer Immobilie in der Regel dadurch zustande, dass der Makler ein Exposé oder einen Objektnachweis zur Verfügung stellt und darin seine Provision angegeben ist. Der Immobilieninteressent nimmt den Maklervertrag an indem er den Objektnachweis oder das Exposé entgegennimmt und sich die Leistungen des Maklers widerspruchslos gefallen lässt.[48] Sie müssen also als Käufer in aller Regel dann eine Maklerprovision zahlen, wenn Sie den Erstkontakt zu dem Verkäufer über einen Makler erhalten haben und der Kaufvertrag über die Immobilie später wirksam geschlossen wird.[49]

Ist Ihnen das Objekt beim ersten Kontakt mit einem Makler bereits aus anderen Quellen bekannt, so sollten Sie das sofort mitteilen und auch schriftlich gegenüber dem Makler dokumentieren. Anderenfalls laufen Sie Gefahr, (auch) von diesem Makler auf die Provision in An-

---

[48] Bundesgerichtshof, Urteil v. 11.4.2002, abgedruckt in Neue Juristische Wochenschrift 2002, S. 1945 ff. und Bundesgerichtshof, Urteil v. 03.05.2012, abgedruckt in Neue Juristische Wochenschrift 2012, S. 2268 ff.

[49] Siehe auch Bundesgerichtshof, Urteil v. 25.2.1999, abgedruckt in Neue Juristische Wochenschrift 1999, S. 1255 ff.

spruch genommen zu werden wenn der Kaufvertrag später geschlossen wird. Unter Umständen müssen Sie sogar mehrere Maklerprovisionen zahlen wenn Sie zu mehreren Maklern Kontakt hatten, die ein und dasselbe Objekt vermarkten. Denn für die Entstehung der Maklerprovision reicht die Mitursächlichkeit des Nachweises eines Maklers für das Zustandekommen eines Immobilienkaufvertrages aus. Eine Nachlässigkeit Ihrerseits kann daher sehr teuer werden wenn Sie über ein und dasselbe Objekt von mehreren Maklern Informationen erhalten haben und nicht nachweisen können, dass Sie weitere Makler umgehend über Ihre bereits vorhandene Objektkenntnis informiert haben. Dokumentieren Sie daher sorgfältig, mit welchen Maklern Sie Kontakt hatten wenn die Objekte ernsthaft in Frage kommen. Bei nicht in Frage kommenden Objekten können Sie sich diese Mühe sparen, weil eine Maklerprovision nur dann entstehen kann wenn ein Kaufvertrag geschlossen wird. Bei offensichtlich unpassenden Objekten besteht daher für Sie keine Gefahr der Inanspruchnahme auf Provisionszahlung durch einen oder mehrere Makler weil ja feststeht, dass Sie keinesfalls einen Kaufvertrag unterschreiben werden.

Die Höhe der Maklerprovision kann im Prinzip verhandelt werden, auch wenn sich das in der Praxis schwierig darstellt. Es gibt keine gesetzliche Vorschrift, die die Provision auf einen bestimmten Prozentsatz festlegt. Wenn keine Verhandlungen stattfinden und der Kaufvertrag geschlossen wird, fällt die Maklergebühr in der Höhe an, in der der Makler diese in dem Exposé angegeben hat. Die übliche Spanne reicht von 3% bis 7% des Kaufpreises.

Bei sehr hohen oder sehr niedrigen Kaufpreisen gibt es auch Abweichungen von diesen Prozentsätzen. Regional sehr unterschiedlich ist die Verteilung der anfallenden Provision auf Käufer und Verkäufer. Nicht selten arbeitet der Makler für beide Vertragsparteien was § 654 BGB zulässt, sofern es nicht dem Inhalt des konkret vereinbarten Maklervertrages zuwiderläuft. Der Umstand, dass der Makler sich als solcher des Verkäufers ausgibt, schützt Sie also nicht vor der Inanspruchnahme auf Zahlung einer Maklerprovision als Käufer.

Hatten Sie erwartet, dass ich etwas zum Alleinauftrag bzw. zum **qualifizierten Alleinauftrag** des Immobilienmaklers schreibe? Dann will ich Sie nicht enttäuschen obwohl Sie das Thema beim Immobilienkauf nur indirekt betrifft: Der Alleinauftrag des Immobilienmaklers ist im Gesetz **nicht** geregelt. Er wurde von der Praxis entwickelt, um bestimmte Bedürfnisse des Maklers und des Verkäufers zu adressieren, die in der gesetzlichen Ausprägung des Maklervertrages zu kurz kommen. Ein Alleinauftrag wird nur mit dem Immobilienverkäufer und niemals mit dem Kaufinteressenten geschlossen. Wie Sie sehen, betrifft Sie das Thema als Kaufinteressent nur indirekt. Wenn Sie jedoch eine Immobilie verkaufen wollen, ist es auf jeden Fall ein Thema für Sie.

Darüber hinaus kann es für Sie auch als Kaufinteressent eine wertvolle Information sein, ob tatsächlich ein solcher Alleinauftrag besteht, weil Sie dann wissen, dass der Makler eindeutig im Lager des Verkäufers steht und Ihnen gegenüber keine weitergehenden Pflichten hat. Denn der Alleinauftrag hat eine Erweiterung des Pflichtenkreises des Maklers gegenüber dem Verkäufer zur Folge. So ist der Makler z.B. verpflichtet, den Verkäufer über den am Markt erzielbaren Kaufpreis zutreffend zu beraten.[50] Bei einer solchen Sachlage dürfen Sie nicht erwarten, dass der Makler Ihre Interessen vertritt, weil er es gar nicht darf. Denn er ist dann Interessenvertreter des Verkäufers und nur diesem verpflichtet, einen möglichst hohen Verkaufspreis herauszuholen.

2. DIE BANK

Ich hatte es bereits in den obigen Ausführungen anklingen lassen: Die Bank ist ein sehr wichtiger Partner für Sie. Denn die Bank ist Ihre Geldquelle, die Ihnen überhaupt ermöglicht, ein Eigenheim zu kaufen bevor Sie das notwendige Kapital zur Anschaffung vollständig angespart haben.

Ich ahne, dass Sie bereits darauf warten, was ich Ihnen zu der Rolle der Bank als Berater des Eigenheimerwerbers zu sagen habe. Ich habe dazu in der Tat etwas zu sagen. Denn schließlich war ich selbst mehr als 12 Jahre lang als Syndikus in der Rechtsabteilung einer Bank tätig und kenne daher die Denke von Banken sehr gut. Bisher haben Sie die Bank vielleicht eher als ein notwendiges Übel angesehen. Das mag auch damit zusammenhängen, dass die Bank Sie hohe Darlehenszinsen zahlen lässt und Ihnen nur mikroskopisch kleine Guthabenzinsen zahlt.

---

[50] Oberlandesgericht Düsseldorf, Urteil v. 10.05.1996, abgedruckt in Neue Juristische Wochenschrift-RR 1997, S. 1278 ff.

Die Bank übernimmt aber noch eine ganze andere Rolle. Sie kalkuliert die Risiken und hilft Ihnen, einen Teil Ihrer Hausaufgaben beim Immobilienkauf zu machen. Die Bank ist von Gesetzes wegen verpflichtet, die mit einer Darlehensvergabe verbundenen Risiken zu steuern. Dazu hat sie interne Prozesse implementiert, um die Darlehenswürdigkeit ihres Kunden einzustufen. Darüber hinaus stuft sie auch die Darlehenswürdigkeit einer geplanten Investition ein. Das bedeutet, dass die Bank genau wissen möchte, ob eine Immobilie werthaltig und der Kaufpreis angemessen ist. Denn die Immobilie wird als Sicherheit für das Darlehen benötigt und zu diesem Zweck mit einer Grundschuld für die Bank belastet. Ist Ihnen etwas aufgefallen? Das sind doch die gleichen Fragen, die Sie sich als Immobilienkäufer auch stellen! Auch für Sie als Käufer ist doch wichtig, dass die Immobilie werthaltig ist und nicht überteuert gekauft wird. Lediglich die Motivation der Bank ist eine andere. Aber inhaltlich ändert das nichts daran, dass die Fragestellungen deckungsgleich sind. Bei Lichte betrachtet stellt der Prüfprozess der Bank daher für Sie eine Serviceleistung zur Erlangung von mehr Sicherheit dar. Diese Prüfung hat für Sie insbesondere deshalb einen echten Wert, weil Sie eine externe und objektive „Hausaufgabenüberwachung" zur Abschätzung des Risikos der geplanten Investition geschenkt bekommen. Denn wenn Sie die Bank nicht überzeugen können von der Werthaltigkeit der Immobilie, dann sollte das für Sie selbst ein Alarmsignal sein, dass Sie etwas übersehen haben oder die Lage zu optimistisch einschätzen.

3. Der Bausachverständige

Da Verkäufe von Bestandsimmobilien nahezu ausnahmslos **ohne Mangelgewährleistungsansprüche** erfolgen, müssen Sie sich ein detailliertes und belastbares Bild von der Bausubstanz und von möglichen Mängeln machen. Damit ist kein umfangreiches Gutachten gemeint. Im Normalfall ist eine Auflistung von Bauschäden und Baumängeln mit einer überschlägigen Abschätzung der Kosten zur Beseitigung ausreichend. Wenn es Anhaltspunkte für gravierendere Mängel gibt, dann müssen Sie natürlich gründlicher prüfen lassen. Wenn Sie nicht zufällig von Beruf Architekt oder Bauingenieur sind, dann werden Sie eine solche Prüfung nicht alleine bewältigen können.

Insbesondere wenn der Verkäufer nicht in der Lage ist, aussagekräftige Unterlagen vorzulegen, die Aufschluss über die Bauausführung und die in der Vergangenheit erfolgten Sanierungsmaßnahmen geben, bleibt gar nichts anderes übrig als die Bausubstanz durch einen Fachmann prüfen zu lassen. Ein neutrales Bausubstanzgutachten gibt Sicherheit vor unangenehmen Überraschungen. Es schafft Klarheit über den Zustand der Immobilie, stellt den Instandsetzungs- und Modernisierungsbedarf fest und zeigt die Kosten auf, mit denen gerechnet werden muss. Es schützt Sie als Käufer davor, ein Gebäude zu erwerben, dessen Kaufpreis dem tatsächlichen Wert nicht entspricht, weil erhebliche Summen für die Sanierung aufgewendet werden müssen.

In diesem Zusammenhang kann es sinnvoll sein, eine Vermessung der Wohn- und Nutzflächen mit zu beauftragen, um die Flächenangaben des Verkäufers zu prüfen. Weil es nicht selten vorkommt, dass ein tatsächliches Flächenaufmaß Abweichungen von Planunterlagen und Angaben des Verkäufers zu Tage fördert, können sich daraus auch schlagkräftige Kaufpreisargumente ergeben. Es hat auch verhandlungstaktische Vorteile, hier eine dritte Person zuzuziehen, die zum einen nachweislich über die notwendige Expertise verfügt und zum anderen eine gewisse Objektivität suggeriert.

4. DER WERTGUTACHTER

Es gibt am Markt eine Vielzahl von Anbietern von Immobilienbewertungen. Teilweise bieten Immobilienmakler und Banken eine überschlägige Wertermittlung der Immobilie für Verkäufer an. Darüber hinaus gibt es professionelle Anbieter von Wertgutachten, die nichts anderes tun als Gutachten gegen Honorar zu erstellen. Diese professionellen Wertgutachter begegnen uns zum Beispiel bei den Verkehrswertgutachten, die anlässlich einer Zwangsversteigerung vom Amtsgericht in Auftrag gegeben werden. Sie finden solche Gutachten kostenlos zum Download auf den entsprechenden Internetseiten der Justiz.[51] Sie werden sich natürlich fragen, welchen Wert solche Gutachten für die Entscheidung über den Ankauf haben und ob Sie ein solches zwingend benötigen. Eine Antwort auf diese Frage fällt etwas differenzierter aus, als Sie vielleicht vermuten würden: Der Marktwert oder Verkehrswert (die beiden Begriffe werden synonym verwen-

---

[51] http://www.zvg-portal.de/

det) einer Immobilie ist kein mit mathematischer Präzision messbarer Wert. Denn für den Marktwert einer Immobilie spielen sehr viele Faktoren eine Rolle. Diese Faktoren sind zudem keine harten Konstanten sondern vielmehr Faktoren, die ihrerseits von Einschätzungen und Erwartungen abhängen. Damit besteht eine vertretbare Bandbreite an möglichen Festlegungen des angemessen Verkehrswertes durch einen Gutachter. Sie sollten Wertgutachten daher sehr kritisch lesen und insbesondere Ihren Blick auf die Begründung des Gutachters richten, bestimmte Annahmen zu den relevanten Faktoren zu treffen.

Die Bewertung von Immobilien ist gesetzlich geregelt in der Immobilienwertermittlungsverordnung (ImmoWertV). Allerdings stellt sich bei genauem Hinsehen heraus, dass die ImmoWertV dem Gutachter erhebliche Spielräume lässt. Die ImmoWertV lässt drei Bewertungsverfahren zu:

- Vergleichswertverfahren
- Ertragswertverfahren
- Sachwertverfahren

Bei der Bewertung einer Immobilie wird das Ertragswertverfahren am häufigsten verwendet. Lediglich zur Plausibilisierung der Wertermittlung werden am Ende eines Gutachtens zuweilen noch kurze Ausführungen zum Vergleichswert- und Sachwertverfahren gemacht.

Beim Ertragswertverfahren wird als Grundlage der Wertermittlung die **erzielbare Miete** für die Immobilie genommen. Diese Mieteinnahmen werden dann wiederum mit einem **Vervielfältiger** multipliziert, der von der

Lage und vom baulichen Zustand und vom Alter der Immobilie abhängt. Allerdings ist es bei genauerem Hinsehen etwas komplizierter. Der Gutachter ist gehalten, die nachhaltig am Markt erzielbare Miete zugrunde zu legen. Hier sollten Sie genau hinschauen, auf welche Quellen der Gutachter seine Annahmen stützt. Wenn er z.B. auf den Mietspiegel der Stadt zurückgreift, dann besteht auch hier eine gewisse Bandbreite von relevanten Marktmieten, die natürlich auch von der Mikrolage der Immobilie und vom baulichen Zustand und von der Ausstattung abhängen. Da jedoch der Mietspiegel nur sehr vergröbernde Kategorien enthält wie z.B. **einfache**, **mittlere** und **gute Lage**, wird hier die Einstufung naturgemäß Ungenauigkeiten enthalten. Wir wissen alle nur zu gut, dass in ein und derselben Straße sehr unterschiedliche Marktmieten bestehen können. Insbesondere in Großstädten, die im zweiten Weltkrieg stark zerstört worden sind, können in einem Straßenzug direkt nebeneinander wunderschöne Altbauten aus der Zeit der Jahrhundertwende und Zweckbauten aus minderwertigen Baumaterialien aus den ersten Nachkriegsjahren stehen. Wenn nun für die Wertermittlung auf die durchschnittlich für dieses Stadtgebiet erzielbare Marktmiete zurückgegriffen wird, liegt auf der Hand, dass die Bewertung ungenau ist. Ein sehr gründlicher Gutachter wird versuchen, diese Unschärfen möglichst klein zu halten. Ein weniger gründlicher Gutachter wird sich diese Mühe nicht machen. Ich schreibe das nicht, um die Gutachterbranche anzuschwärzen und schlecht zu reden. Vielmehr möchte ich Sie in den Stand versetzen, mit Gut-

achten möglichst intelligent umzugehen und die Annahmen des Gutachters kritisch zu hinterfragen.

Für den vom Gutachter angenommenen Vervielfältiger
gilt ähnliches. Es gibt Durchschnittswerte für bestimmte
Stadtgebiete, die natürlich im Hinblick auf die Mikrolage
und den baulichen Zustand justiert werden müssen. Auch
hier sollten Sie genau hinschauen, mit welchen Annahmen der Gutachter gearbeitet hat und auf welche Quellen
er sich stützt. Hierbei kommt in der Regel noch eine weitere Stellgröße ins Spiel: Die Annahme der Restnutzungs-
dauer eines Gebäudes. Diese hat große Auswirkungen auf
den relevanten Vervielfältiger und damit auf den Verkehrswert insgesamt. Auch hier ist die Bandbreite vertret-
barer Annahmen des Gutachters erheblich.

Bitte beachten Sie darüber hinaus, dass ein Verkehrswertgutachten die genaue Untersuchung und Begutach-
tung der Bausubstanz im Regelfall **nicht** enthält, weil es
hinsichtlich der Renovierungs- und Sanierungskosten nur
mit überschlägig ermittelten Arbeitshypothesen operiert.
Das beruht darauf, dass der Wertgutachter die Immobilie
nur einer überschlägigen Sichtprüfung unterzogen hat
und häufig auch gar nicht über das Fachwissen verfügt,
die Bausubstanz und technischen Anlagen tiefgründiger
zu untersuchen. Diese Informationslücke kann nur durch
ein Bausubstanz- und Baumängelgutachten eines Architekten oder Bauingenieurs geschlossen werden. Ich zitiere
an dieser Stelle zu Demonstrationszwecken aus einem
Verkehrswertgutachten, das anlässlich einer Zwangsversteigerung erstellt wurde:

„...Eine Öffnung von Bauteilen (z.B. von Verkleidungen) zur Untersuchung der darunter befindlichen Konstruktionen bzw. Materialien, hat nicht stattgefunden. Festgestellte Bauschäden und Baumängel können daher unvollständig sein. Die Funktionsfähigkeit einzelner Bauteile und Anlagen wurde nicht überprüft. Die Funktionsfähigkeit der technischen Einrichtungen (z.B. Heizung, Elektroanlagen etc.) wird bei der Bewertung unterstellt. Der Ansatz für Baumängel, Bauschäden, Reparaturstau bzw. Instandsetzungsbedarf ist nicht als Investitionssumme zu interpretieren. Hierzu wäre eine weitaus aufwendigere und differenziertere Untersuchung und Kostenermittlung notwendig..."

Diese Ausführungen des Gutachters bringen den Bewertungsfokus sehr gut auf den Punkt und sind daher eine gute Zusammenfassung, wie Verkehrswertgutachten richtig zu lesen und zu interpretieren sind. Verkehrswertgutachten können auch interessante Informationen über baurechtliche Verhältnisse enthalten. Da die Gutachten jedoch insoweit häufig Einschränkungen hinsichtlich der Gewährleistungen für Richtigkeit und Vollständigkeit enthalten, können diese Angaben für Sie nur Ausgangspunkt der Überlegungen sein. Sie ersetzen nicht den Aufwand, selbst einen Blick in einen aktuellen Grundbuchauszug und die Baugenehmigung zu werfen.

Zusammenfassend lässt sich festhalten, dass Verkehrswertgutachten durchaus interessante Informationsquellen sind. Sie sind jedoch zu interpretieren und hinsichtlich der Bewertungsgrundlagen und Annahmen kritisch zu hinterfragen. Sie ersetzen keinesfalls eigene Überlegungen und Kalkulationen zum angemessenen Kaufpreis der Immobilie. Wenn ein Wertgutachten kostenlos zur Verfügung steht (z.B. bei Zwangsversteigerungen), sollten Sie das ruhig mitnehmen und auswerten. Es ist jedoch eher zweifelhaft, ob sich die Beauftragung eines Verkehrswertgutachtens im Einzelfall lohnt.

5. DIE HAUSVERWALTUNG BEI EIGENTUMSWOHNUNGEN

Hausverwaltungen gibt es in Deutschland in großer Anzahl. Sie sind fast so häufig wie Immobilienmakler. Beim Kauf einer Eigentumswohnung haben Sie immer mit einer Hausverwaltung zu tun, die die Betriebskosten aufteilt und die Instandhaltung des Gemeinschaftseigentums organisiert. Eine ausführliche Darstellung der Besonderheiten bei Eigentumswohnungen im Vergleich zu „normalen" Immobilien finden Sie weiter unten in Abschnitt VII. 2. c).

6. DER RECHTSANWALT

Der Erwerb und die Finanzierung einer Immobilie sind komplexe Vorgänge. Sie müssen dabei viele rechtlich geprägte Themen abarbeiten und diverse Verträge abschließen. Zum Pflichtprogramm gehört z.B. die Prüfung der Baugenehmigung. Schließlich müssen Sie wissen, was im Kaufvertrag stehen sollte und wie man einen Grundbuchauszug richtig liest. Das ganze müssen Sie so organisieren, dass die Verträge in der richtigen Reihenfolge und zur richtigen Zeit geschlossen werden können, damit Sie nicht in Schadensersatzansprüche hineinlaufen, wenn der Vollzug eines Immobilienerwerbes scheitert.

Sie können natürlich versuchen, all diese Aufgaben selbst zu bewältigen und auf die Einholung von Rechtsrat verzichten, um Kosten zu sparen. Wenn Sie zufälligerweise selbst Jurist sind, ist das sicherlich eine durchaus vertretbare Vorgehensweise. Wenn es jedoch später Probleme gibt, weil Sie etwas übersehen haben, dann wird Ihnen erfahrungsgemäß im Nachhinein eingeholter Rechtsrat nicht mehr helfen können, den Schaden abzuwenden, weil die Verträge bereits abgeschlossen worden sind. Bestenfalls können Sie dann noch den Schaden begrenzen.

Wichtig ist dabei, dass Sie einen Rechtsanwalt wählen, der etwas vom Immobilien- und Darlehensrecht versteht und sich nicht erst einarbeiten muss wenn Sie ihm eine Frage stellen. Wenig hilfreich sind zudem Auskünfte von Rechtsanwälten, die besagen, dass es so oder so sein könnte und man nichts Genaues abschließend und verbindlich sagen kann. Solche Auskünfte sind leider keine Seltenheit bei Juristen. Sie brauchen aber eine echte Entscheidungshilfe und keine vage Beleuchtung von unzähligen Problemherden, die theoretisch denkbar sind, aber praktisch keine nennenswerte Relevanz haben. Moderne Rechtsanwälte arbeiten per Email und Telefon. Das ist effizient und zeitsparend.

Die Hoffnung, dass der beurkundende Notar Sie beim Abschluss des Kaufvertrages und bei der Organisation des Prüfprozesses der Immobilie unterstützt, ist leider nicht begründet. Denn der Notar ist zur Neutralität verpflichtet und darf keine Interessenvertretung und Rechtsberatung der Kaufvertragsparteien vornehmen, die naturgemäß nicht gleichgerichtet sind. Der Verkäufer und der Käufer haben völlig unterschiedliche und gegenläufige Interessen. Der Notar kann und darf sich gar nicht auf eine Seite schlagen. Schon gar nicht kann der Notar prüfen, ob der Kaufpreis angemessen und die Immobilie mangelfrei ist. Dafür müssen Sie als Käufer selbst sorgen.

V. SYSTEMATISCHE PRÜFUNG DER IMMOBILIE

Wenn Sie eine Immobilie gefunden haben, die Ihnen gefällt, müssen Sie diese kritisch unter die Lupe nehmen. In den folgenden Abschnitten werde ich Ihnen zeigen, wie Sie dabei am besten vorgehen.

1. PRÜFKRITERIEN FÜR IMMOBILIEN

Aus den vorhergehenden Kapiteln konnten Sie schon eine Menge Informationen mitnehmen, worauf es bei der Prüfung einer Immobilie ankommt. Bei den folgenden Ausführungen geht es darum, eine ganz konkrete Immobilie systematisch und gründlich unter die Lupe zu nehmen und alle relevanten Unterlagen und Informationsquellen auszuwerten. Ziel einer solchen Prüfung ist es, alle wert- und preisrelevanten Annahmen mit den tatsächlichen Gegebenheiten abzugleichen. Stellt sich bei der Prüfung heraus, dass alles so ist, wie es sein sollte, dann ist das gut. Wenn das nicht der Fall ist, muss überlegt und entschieden werden, ob die negativen Abweichungen ein „Dealkiller" sind oder ob sich das Problem durch eine Kaufpreisreduzierung lösen lässt.

Wenn sich z.B. durch Einsicht in ein Altlastenverdachtskataster der Gemeinde herausstellt, dass es einen konkreten Altlastenverdacht gibt, weil auf dem Grundstück zuvor z.B. eine Tankstelle oder eine Lackiererei betrieben wurde und ein Gutachten gerade bestätigt hat, dass das Erdreich mit gefährlichen Schadstoffen verseucht ist, dann ist das definitiv ein „Dealkiller". Denn bei einer solchen Sachlage würden Sie durch den Erwerb des Grundstücks zum möglichen Adressaten einer Sanierungsverfügung der Behörde werden. Denn der aktuelle Eigentümer kann von der Behörde auch dann mit einer Verfügung zur Sanierung von Altlasten verpflichtet werden, wenn er diese nicht verursacht hat.

Nehmen wir ein weniger dramatisches Beispiel: Bei der weiteren Prüfung stellt sich heraus, dass sich in einer Eigentumswohnung Nachtspeicheröfen befinden, die Asbest enthalten. Die Entsorgung von asbesthaltigen Nachtspeicheröfen ist kostenaufwendiger als die Entsorgung von nicht asbesthaltigen. Ein solcher Befund ist daher keine gute Nachricht. Allerdings ließe sich ein solcher Umstand durch eine Kaufpreisreduzierung adressieren. Er stellt jedenfalls keinen „Dealkiller" dar, der den Kauf insgesamt undenkbar werden lässt.

2. PRÜFUNG DER BAUSUBSTANZ UND OBJEKTQUALITÄT

Da Verkäufe von Bestandsimmobilien in aller Regel **ohne Gewährleistungsansprüche** erfolgen, müssen Sie sich als Käufer ein detailliertes und belastbares Bild zum baulichen Zustand machen. Wenn Sie nicht zufällig von Beruf Architekt oder Bauingenieur sind, dann werden Sie eine solche Prüfung nicht alleine bewältigen können. Mit der Prüfung des baulichen Zustandes ist kein umfangreiches Gutachten gemeint. Im Normalfall ist eine Auflistung von Bauschäden und Baumängeln mit einer überschlägigen Abschätzung der Kosten zur Beseitigung völlig ausreichend.

Eine solche Prüfung sollte auch eine Einschätzung zu der Frage beinhalten, ob qualitativ hochwertige, durchschnittliche oder unterdurchschnittliche Baumaterialien verwendet wurden. Das stellt zwar keine Prüfung von Baumängeln im engeren Sinn dar, ist aber für die Beurteilung des Wertes der Immobilie und auch für die Prognose von künftigen Instandhaltungskosten von Bedeutung. Insbesondere bei frisch renovierten Immobilien ist eine gewisse Skepsis angezeigt, denn mitunter erfolgen solchen Renovierungen vor dem Verkauf, um gravierende Mängel und Schwachstellen unsichtbar zu machen. Eine solche „Überrenovierung" von maroder Bausubstanz ist für den Verkäufer preisgünstiger als eine Behebung der Mängel. Wenn z.B. bei einem sehr alten Haus bei der Erneuerung der Wandverkleidungen und Fliesenspiegel darauf verzichtet wurde, die dringend erforderliche Erneuerung der Hauselektrik und der Rohrleitungen für Frischwasser und Abwasser durchzuführen, dann ist das ein kritischer Fall, der den Käufer zu einer besonders gründlichen Untersuchung anhalten sollte. Eine frisch renovierte Immobilie ist daher keinesfalls ein Argument dafür, dass eine Untersuchung der Bausubstanz durch einen Fachmann verzichtbar ist.

Ein typischer Problemherd bei älteren Immobilien ist der Umstand, dass häufig nur gemauerte Kellerwände vorhanden sind und keine Fundamente aus wasserundurchlässigen Stahlbetonwannen. Solche Fundamente müssen nicht mangelhaft sein, können jedoch bei ungünstigen Lagen in Senken oder bei hohem Grundwasserspiegel zu Feuchtigkeitsschäden führen.

Aufgrund von Erfahrungswerten aus der Geschichte der Baumaterialien kann man ableiten, dass in bestimmten Dekaden der Nachkriegszeit auch schadstoffbelastete oder gesundheitsgefährdende Baumaterialien (z.B. Asbest) verwendet wurden. Wenn das Baujahr des Gebäudes aus einer solchen Zeit oder aus einer Übergangzeit stammt, so stellt sich häufig die Frage, ob diese kritischen Baumaterialien auch für die konkrete Immobilie Verwendung gefunden haben. Dabei sind durchgreifende Sanierungsmaßnahmen, die in dieser Zeit an einer älteren Immobilie durchgeführt wurden, in die Überlegungen einzubeziehen. Denn auch durch eine solche „Sanierung" können problematische Baustoffe in die Immobilie eingebracht worden sein.

Wenn Grund zu der Annahme besteht, dass eine aufwendigere Prüfung durch einen Bausachverständigen kritische Befunde zutage fördern könnte, die den Kauf platzen lassen würden, sollten Sie versuchen, den Verkäufer an den Kosten der gutachterlichen Untersuchung zu beteiligen. Das ist durchaus interessengerecht, da ein solches Bausubstanzgutachten für den Verkäufer auch dann einen Wert hat, wenn Sie sich gegen den Kauf entscheiden. Für Sie hingegen als abgesprungenen Kaufinteressenten ist das Gutachten in einem solchen Fall wertlos. Bei der derzeit schwierigen Marktlage werden Sie allerdings schlechte Karten haben, eine solche Kostenbeteiligung des Verkäufers in den Verhandlungen durchzusetzen. Einen Versuch ist es aber Wert.

3. Rechtliche Prüfung der Immobilie

Neben dem baulichen Zustand gibt es noch stark rechtlich geprägte Aspekte, die geprüft werden müssen. Ein wichtiger Schritt ist die Prüfung der Rechtslage anhand des Grundbuches und anhand der Akte des Bauaufsichtsamtes. Auch daraus können sich wertmindernde Umstände ergeben, die bei der Kaufpreisfindung berücksichtigt werden sollten.

a) Grundbuchauszug

Das Grundbuch gibt umfangreich Auskunft über die dingliche Rechtslage. Das betrifft z.B. Wegerechte oder dingliche Wohnrechte und dergleichen. Wie Sie einen Grundbuchauszug richtig lesen und interpretieren, können Sie detailliert im Kapitel VII. 2. weiter unten nachlesen.

Dingliche Belastungen des Grundstückes können den Wert der Immobilie ganz erheblich mindern. Sie sollten sich zu diesem Zwecke vom Verkäufer einen aktuellen Grundbuchauszug geben lassen, um diesen entweder selbst gründlich in Augenschein zu nehmen oder von einem Fachmann prüfen zu lassen. Zu Beginn der Sondierungsphase können Sie ohne Zustimmung des Verkäufers nicht selbst beim Grundbuchamt des Amtsgerichtes einen Auszug aus dem Grundbuch erhalten, sondern sind auf die Kooperation des Verkäufers angewiesen. Bestehen Sie erforderlichenfalls darauf, dass ein neuer Grundbuchauszug beim Grundbuchamt angefordert wird wenn der vorgelegte Auszug schon älter ist. Er sollte auf keinen Fall älter als 6 Monate sein. Die Kosten von € 10 sind marginal

und nur ein aktueller Grundbuchauszug verschafft Sicherheit.

Eine besondere Rolle spielen die so genannten **Baulasten**, die im Baulastenverzeichnis eingetragen sind. Das tü-
ckische an Baulasten ist, dass diese **nicht** aus dem Grundbuch ersichtlich sind, aber gleichwohl gegenüber dem Erwerber eines Grundstückes dingliche Wirkung entfalten
und ihn binden. Dazu gehören z.B. KfZ – Stellplatzver-
pflichtungen oder Abstandsflächen zu Nachbarbauten, die
über das gesetzliche Maß hinausgehen. Sie sollten daher
unbedingt das beim Bauamt geführte Baulastenverzeichnis einsehen, da sich auch daraus wertmindernde Belastungen des Grundstückes ergeben können.

b) Baugenehmigung

Grundsätzlich bedürfen alle Baumaßnahmen (Errichtung, Änderung, Nutzungsänderung und Abbruch eines
Gebäudes) einer Baugenehmigung der Bauaufsichtsbehörde. Genehmigungsfrei sind Renovierungs- und In-
standsetzungsmaßen eines Gebäudes. Dazu gehören z.B.
ein neuer Anstrich, Fassenddämmungen und Verblen-
dungen, neue Dacheindeckung, Anbringung von Solaran-
lagen und das Auswechseln von Fenstern und Türen. Eine
Ausnahme gilt für Denkmalschutzimmobilien. Bei solchen
ist auch bei Renovierungen und Instandsetzungen Rücksprache mit dem Denkmalschutzamt zu nehmen.

Liegt eine bestandskräftige (d.h. nicht mehr anfechtbare) Baugenehmigung vor, so darf grundsätzlich so gebaut
werden, wie in der Baugenehmigung dargestellt. Daher ist
es sinnvoll, sich die Baugenehmigung vorab in Kopie ge-

ben zu lassen, um auch diese zu prüfen. Die Baugenehmigung gibt Auskunft über die erlaubte Bebauung und Nutzung. Sie ist daher die Grundlage der Prüfung, ob die tatsächliche Bauausführung der behördlichen Genehmigung entspricht und damit kein Schwarzbau vorliegt. Wenn dem nicht so ist, so droht die Gefahr von Abrissverfügungen. Es sollte daher in jedem Fall abgeglichen werden, ob die Baugenehmigung sich mit dem tatsächlich errichteten Gebäude deckt.

Wenn Sie einen Umbau oder eine Nutzungsänderung der Immobilie planen, so müssen Sie auch den Fragen nach der baurechtlichen Zulässigkeit solcher Vorhaben frühzeitig nachgehen. Da die Baugenehmigung selbst nur etwas über die rechtliche Zulässigkeit der gegenwärtigen Bebauung und Nutzung aussagt, müssen Sie den Bebauungsplan einsehen, um zu prüfen ob ein geplanter Umbau oder eine geplante Erweiterung überhaupt genehmigungsfähig ist. Sind solche Maßnahmen konkret geplant, kann es ratsam sein, diese vorab mit dem Bauaufsichtsamt abzustimmen und vor dem Kauf der Immobilie einen Bauvorbescheid zu beantragen.

Wenn Sie sich unsicher sind, ob geplante Umbauten genehmigungsfähig sind, so sollten Sie diese Fragen vor dem Kauf abschließend von einem Fachmann prüfen lassen, um keine bösen Überraschungen zu erleben. Auf mündliche Zusagen des Verkäufers oder des Maklers können Sie nicht bauen. Der Verkäufer wird unter keinen Umständen Gewähr für die baurechtliche Zulässigkeit von Umbauten oder Nutzungsänderungen übernehmen. Das ist Ihre Baustelle als Erwerber der Immobilie.

c) Besonderheiten bei Eigentumswohnungen[52]

Eine Besonderheit stellen Eigentumswohnungen dar. Damit Sie wissen, worauf beim Kauf zu achten ist, stelle ich Ihnen im Folgenden die Unterschiede zu „normalen" Immobilien dar.

Was genau ist eigentlich eine Eigentumswohnung? Es handelt sich um **Gemeinschaftseigentum** an einem Hausgrundstück zu einem bestimmten Bruchteil in Kombination mit **Sondereigentum** an bestimmten Räumen des Gebäudes. Jede Eigentumswohnung wird auf einem gesonderten Grundbuchblatt geführt. Die Eigentumswohnung ist genau wie ein normales Hausgrundstück übertragbar und mit Grundpfandrechten belastbar.

Da die Anzahl der Miteigentümer bzw. Sondereigentümer bei Wohnungseigentumsanlagen in der Regel größer ist als bei normalen Einfamilienhäusern, wird die Stückelung der Miteigentumsanteile kleiner gewählt (in der Regel ausgedrückt in Brüchen mit 1.000 oder 10.000 als Nenner). Die Details der Aufteilung in Sondereigentum und Gemeinschaftseigentum sind in der **Teilungserklärung** geregelt. Nicht jedes Haus eignet sich für die Aufteilung in Eigentumswohnungen. Erforderlich ist dafür die Abgeschlossenheit der einzelnen Wohnungen, die von der Bauaufsichtsbehörde bescheinigt werden muss.

Zum **Gemeinschaftseigentum** gehören z.B. die Außenwände, die Fassade, das Dach, das Treppenhaus, Ge-

---

[52] Eine detaillierte Erklärung der rechtlichen Hintergründe zu Eigentumswohnungen können Sie im Abschnitt VII. 2. c) dieses Buches nachlesen.

meinschaftsflächen und Gemeinschafträume wie Waschräume oder Hof- und Gartenflächen (soweit daran kein Sondereigentum begründet ist). Es gehört allen Miteigentümern zu einem Bruchteil. Zum **Sondereigentum** gehören die einzelnen abgetrennten Eigentumswohnungen mit Ausnahme von Außenwänden, tragenden Wänden und Fenstern, die ebenfalls Gemeinschaftseigentum darstellen. Die Abgrenzung von Gemeinschaftseigentum und Sondereigentum spielt eine wichtige Rolle für die Frage, wer Entscheidungen über Instandhaltungs- und Renovierungsmaßnahmen trifft und wer die Kosten trägt.

Die grundlegenden Vereinbarungen über Rechte und Pflichten in der Eigentümergemeinschaft werden in der **Gemeinschaftsordnung** festgeschrieben. Häufig sind die Gemeinschaftsordnung und die Teilungserklärung in einer Urkunde zu einem Text zusammengefasst. Die Gemeinschaftsordnung kann nur durch die gesamte Eigentümergemeinschaft geändert werden, d. h. dass sich alle Eigentümer einig sein müssen. Es ist daher ratsam, die Gemeinschaftsordnung vor dem Entschluss über den Kauf einer Eigentumswohnung gründlich zu lesen, um insoweit Klarheit darüber zu haben, welche Abweichungen von den gesetzlichen Regelungen vereinbart worden sind.

Beim Kauf einer Eigentumswohnung sollten Sie sich auch einen Überblick über die von der Eigentümergemeinschaft in der Vergangenheit gefassten Beschlüsse und die ausgetragenen Konflikte verschaffen. Aus den Protokollen können Sie auch Informationen entnehmen, die Rückschlüsse auf das Klima in der Eigentümergemeinschaft zulassen. Wenn es ernsthafte Streitigkeiten unter den Eigentümern oder mit dem Verwalter gegeben hat, so wird das sicherlich seinen Niederschlag im Text der Protokolle der Eigentümerversammlungen gefunden haben. Solche Streitigkeiten können für die gesamte Eigentümergemeinschaft sehr belastend sein und im Ergebnis auch zu einer Blockadesituation führen, in der auch sinnvolle und erforderliche Maßnahmen der Eigentümergemeinschaft keine Mehrheit mehr finden und infolgedessen auch nicht getroffen werden können.

VI. ABSCHLUSS DER VERTRÄGE

Wenn Sie nun eine geeignete Immobilie gefunden, diese gründlich geprüft haben und sich mit dem Verkäufer handelseinig geworden sind, müssen Sie Verträge abschließen. Das müssen Sie in der richtigen Reihenfolge und mit dem richtigen Inhalt tun. Dazu ist es hilfreich, sich mit der Struktur eines Immobilienkaufes und mit den typischen Inhalten von Immobilienkaufverträgen vertraut zu machen.

Für den Erwerb einer Immobilie sind mehrere Rechtsakte zu vollziehen. Die Weichenstellungen für den Vollzug werden im notariellen Kaufvertrag vorgenommen. Das gilt gleichermaßen für den Erwerb von Häusern, Eigentumswohnungen und unbebauten Grundstücken. Zur Verdeutlichung der Phasen eines Immobilienerwerbs dient die folgende schematische Darstellung:

Phasen beim Immobilienerwerb

Abschluss notarieller Kaufvertrag

Prüfung von Auflagen und Vollzugsvoraus- setzungen durch Notar

Stellung Eigentumsum- schreibungsantrag beim Grundbuch- amt durch Notar

Eintragung Erwerber im Grundbuch

Typischer Inhalt:

- genaue Beschreibung des Grundstücks

- In der Regel Verpflichtung zur lastenfreien Übertragung des Grundstücks

- Vollmacht für Käufer zur Belastung des Grundstückes mit Grundschulden

- Festlegung der Fälligkeits- voraussetzungen für Kaufpreis- zahlung und der Treuhand- auflagen an Notar für Vollzug des Kaufvertrages

- Gewährleistungsausschluss bei Altbauten

Typische Auflagen:

- Löschung von Grundpfand- rechten zur Herstellung der Lastenfreiheit des Grundstücks

- Eintragung einer Auflassungs- vormerkung für den Käufer (= Fälligkeitsvoraussetzung für Kaufpreiszahlungspflicht)

- Vorliegen einer Erklärung der der Gemeinde, dass Vorkaufs- recht gemäß § 24 BauGB nicht ausgeübt wird (Negativtest)

Aber:

- Antragstellung auf Eigentums- umschreibung beim Grundbuch- amt darf erst erfolgen, wenn alle Auflagen und Vollzugs- voraussetzungen erfüllt oder erfüllbar sind und Unterlagen (z.B. Löschungsbewilligung der Bank für Grundpfandrechte) dazu vorliegen

- Kaufpreiszahlung muss zu diesem Zeitpunkt erfolgt sein

Abbildung 2: Phasen beim Immobilienerwerb

Damit Sie verstehen können, warum die Phasen eines Immobilienerwerbes so ablaufen müssen, möchte ich Ihnen zunächst etwas über die rechtlichen Hintergründe und Zusammenhänge erklären: Rechtlich zu unterscheiden sind das **Eigentum** an einer Immobilie und der **Besitz**. Eigentümer ist, wer als solcher im Grundbuch eingetragen ist. Besitzer einer Immobilie ist derjenige, der die tatsächliche Sachherrschaft über die Immobilie hat (wie z.B. der Mieter einer Wohnung).

1. NOTARIELLER KAUFVERTRAG & ABLAUF DES ERWERBES

Der Abschluss des notariellen Kaufvertrags bewirkt noch keinen Eigentumsübergang des Grundstückes. Er begründet „nur" die die Verpflichtung zur Übertragung des Eigentums vom Verkäufer auf den Käufer. Der tatsächliche Übergang des Eigentums auf den Käufer erfolgt erst in der letzten Phase mit seiner Eintragung in das Grundbuch. Vorher ist der Käufer zu keiner Zeit Eigentümer des Grundstückes.

Da es bei Immobilienverkäufen in der Regel um sehr hohe Geldbeträge und große Vermögenswerte geht, ist es für beide Vertragsparteien wichtig, dass die Abwicklung des Kaufvertrages nur **Zug-um-Zug** unter Beteiligung eines Notars als neutraler Schaltstelle erfolgt. Denn keine der Vertragsparteien möchte den von ihr geschuldeten Teil des Kaufvertrags aus der Hand geben, wenn die andere Vertragspartei ihren Teil der Leistung noch zurückhalten kann. Diesem Bedürfnis dienen die zweite und dritte Phase des Erwerbsvorgangs in der obigen Darstellung.

Im Folgenden möchte ich Ihnen zunächst die einzelnen Phasen näher erläutern, um dann an späterer Stelle darauf einzugehen, welche Besonderheiten bei bestimmten Käufen zu beachten sind wie z.B. beim Kauf einer noch zu bauenden Immobilie vom Bauträger oder beim Kauf in der Zwangsversteigerung.

a) Abschluss des notariellen Kaufvertrages

Die erste Phase des Erwerbsvorgangs beginnt mit dem Abschluss des notariellen Kaufvertrages über die Immobilie. Der Kaufvertrag über ein Grundstück bedarf gemäß § 313b BGB der notariellen Beurkundung. Das gilt auch für Vorverträge, in denen bereits Einzelheiten eines Grundstücksverkaufes festgeschrieben werden, der später zustande kommen soll.[53]

Die Beurkundungspflicht erfasst dabei nicht nur die Verpflichtung zur Übertragung des Eigentums an der verkauften Immobilie, sondern den gesamten Vertrag und alle Abreden, die mit der Immobilienübertragung getroffen werden. In diesem Zusammenhang ist es wichtig, sich Klarheit über Bestandteile und Zubehör der Immobilie zu verschaffen und sich darüber zu verständigen, welche Gegenstände mitverkauft werden sollen und die getroffenen Vereinbarungen vollständig und lückenlos im Text des notariellen Kaufvertrages zu dokumentieren.

Wenn bewegliches Mobiliar (bzw. Zubehör oder Einrichtungsgegenstände) mitverkauft wird, so sollte auch dieses unbedingt in dem Kaufvertrag dokumentiert werden. Darüber hinaus kann durch die Zuteilung eines Teiles des Kaufpreises auf dieses Mobiliar Grunderwerbssteuer gespart werden, weil sich dadurch die Bemessungsgrundlage der Grunderwerbssteuer reduziert, die ja nur auf die Übertragung von Immobilien und nicht auf die Übertragung von Mobiliar anfällt. Wenn beispielsweise eine Kü-

---

[53] Siehe Bundesgerichtshof, Urteil v. 07.02.1986, abgedruckt in Neue Juristische Wochenschrift 1986, S. 1983 ff.

che mit Schränken und Hausgeräten übernommen wird, so sollte das nicht nur im notariellen Kaufvertrag festgehalten werden, sondern hierauf sollte auch ein angemessener Teil des Kaufpreises zugeteilt werden. Es gibt daher sowohl vertragsrechtliche Gründe als auch steuerrechtliche Gründe für die genaue und lückenlose Auflistung des mitverkauften Mobiliars.

Vereinbarte **Nebenleistungspflichten** der Vertragsparteien sind ebenfalls im Vertragstext lückenlos und vollständig darzustellen. Dazu gehört in aller Regel die Verpflichtung des Verkäufers, das Grundstück lastenfrei zu übertragen, was beinhaltet, dass eingetragene Grundpfandrechte zu löschen sind. Die dazu erforderlichen Schritte fallen in die Pflicht des Verkäufers. Die Übernahme von Grundpfandrechten ist sehr selten, weil sie nicht praktikabel ist.

Falls weitere Nebenleistungspflichten vereinbart sind, so müssen auch diese vollständig in dem Kaufvertrag dargestellt werden. Empfehlenswert ist die Aufnahme der Nebenleistungspflicht des Verkäufers, sämtliche Bauunterlagen und eine möglichst vollständige und lückenlose Dokumentation (Originale) von durchgeführten Renovierungen und Sanierungen an den Käufer zu übergeben. Im Vorfeld werden Sie im Rahmen der Prüfung Fotokopien dieser Unterlagen erhalten haben. Beim Vollzug des Kaufvertrages sollten Ihnen auch die Originalunterlagen ausgehändigt werden.

Üblich ist auch die Verpflichtung des Verkäufers zur besenreinen Räumung einer Immobilie vor der Überlassung an den Käufer, d.h. zur vollständigen Entfernung des

Mobiliars und ggf. auch vorhandenen Unrates wenn die Immobilie von dem Verkäufer noch selbst bewohnt oder genutzt wird. Es kann auch ratsam sein, im Kaufvertrag nicht nur die Verpflichtung des Verkäufers zur Räumung der Immobilie zu verankern, sondern darüber hinaus die Unterwerfung des Verkäufers unter die sofortige Zwangsvollstreckung hinsichtlich der Räumungsverpflichtung zu regeln. Wenn der Verkäufer selbst die Immobilie bewohnt und diese absprachewidrig nicht räumt, so kann aus der notariellen Urkunde die Räumung im Wege der Zwangsvollstreckung betrieben werden. Allein diese Vereinbarung führt im Normalfall schon dazu, dass der Verkäufer die Immobilie pünktlich räumt.

Gebrauchte Bestandsimmobilien werden nahezu ausnahmslos ohne Mängelgewährleistungsrechte verkauft. Daher werden Sie im Normalfall eine entsprechende Regelung im Kaufvertragsentwurf des Notars finden.

Darüber hinaus werden Sie im notariellen Kaufvertrag eine Bevollmächtigung des Käufers zur Belastung des Grundstückes mit Grundschulden bereits vor der Eigentumsumschreibung im Grundbuch finden. Diese Regelungen sind notwendig wenn der Käufer den Kaufpreis (ganz oder teilweise) über ein Darlehen finanziert. Ohne diese Bevollmächtigung könnte der Käufer das Darlehen von der Bank nicht abrufen, um damit den Kaufpreis zu bezahlen.

b) Besitzübergang

Wie oben dargestellt, erfolgt der Eigentumsübergang erst mit der Eintragung des Käufers als neuer Eigentümer im Grundbuch (letzte Phase in der schematischen Darstellung). Da zwischen der Einreichung des Eigentumsumschreibungsantrages beim Grundbuchamt und der Eintragung des neuen Eigentümers im Grundbuch in der Regel etwa 3 Monate verstreichen, müssten die Vertragsparteien einige Monate warten, wenn sie den Eigentumsübergang und den Besitzübergang zeitgleich vollziehen wollten.

In der Praxis besteht jedoch kein Bedürfnis, diese Zeit noch abzuwarten weil nach Einreichung des Antrags auf Eigentumsumschreibung beim Grundbuchamt durch den Notar nichts mehr passieren kann, was den Eigentumsübergang und den Vollzug des Kaufvertrages noch scheitern lassen könnte. Daher wird in der Praxis der Besitz an der Immobilie bereits nach Bestätigung des Eingangs des Kaufpreises durch den Verkäufer und seine Bank vollzogen.

Da folglich der Besitzübergang dem Eigentumsübergang zeitlich vorausgeht, werden im notariellen Kaufvertrag üblicherweise noch Regelungen getroffen, dass die Rechte und Pflichten des Immobilieneigentümers (z.B. Verpflichtung zur Zahlung von Grundsteuern, Verkehrssicherungspflichten, Recht zur Eintreibung von Mieten bei vermieteten Immobilien etc.) nicht erst mit der Eigentumsumschreibung im Grundbuch übergehen, sondern bereits mit der Besitzverschaffung.[54] Solche Regelungen

---

[54] Gemäß § 566 BGB geht z.B. der Mietvertrag beim Verkauf auf den Käufer über. Der Übergang erfolgt jedoch erst mit der Eigentumsumschreibung im Grundbuch (siehe Bundesgerichtshof, Urteil v. 12.03.2003, abgedruckt in Neue Juristische Wochenschrift 2003, S. 3158 ff.).

sind angemessen und entsprechen den tatsächlichen Gegebenheiten. Eine unmissverständliche und klare Regelung dieser Punkte im notariellen Kaufvertrag ist unbedingt anzuraten.

2. BESONDERHEITEN BEIM KAUF VOM BAUTRÄGER

Was genau ist denn eigentlich ein **Bauträgervertrag**? Dabei handelt sich um eine Kombination eines Kaufvertrages über ein Grundstück mit einem Werkvertrag über die Errichtung einer Immobilie auf dem Grundstück.[55] Solche Verträge werden häufig bei Abverkauf von einzelnen Eigentumswohnungen einer größeren neu zu errichtenden Wohnungseigentumsanlage geschlossen. Sie kommen aber auch bei der Errichtung von Einfamilienhäusern und Doppelhaushälften vor. Der Gesetzgeber hat den Bauträgervertrag mit Wirkung zum 01.01.2018 als eigenen Vertragstyp in das BGB eingefügt (§§ 650u – 650v BGB). Inhaltlich sind damit jedoch keine durchgreifenden Änderungen verknüpft worden, weil der Gesetzgeber die ständige Rechtsprechung des Bundesgerichtshofes als Leitbild für die gesetzliche Regelung verwendet hat.

Der Vorteil für den Käufer einer Bauträgerimmobilie besteht darin, dass er für die Bauleistungen des Bauträgers

---

[55] Der Mischcharakter des Bauträgervertrages führt dazu, dass auf den Vertrag nebeneinander sowohl Kaufvertragsrecht als auch Werkvertragsrecht anwendbar sind. Siehe auch Bundesgerichtshof, Urteil v. 16.4.1973, abgedruckt in Neue Juristische Wochenschrift 1973, S. 1235 ff.

Mängelgewährleistungsansprüche hat, da ein Ausschluss der Gewährleistungsrechte unüblich und sogar unwirksam ist, wenn die Freizeichnung von der Haftung mit dem Käufer formelhaft erfolgt und nicht unter ausführlicher Belehrung über die weitreichenden Folgen erörtert worden ist.[56] Bei Altbauten, die ohne Bauleistungen verkauft werden, ist ein Ausschluss der Gewährleistung für Sachmängel hingegen absolut marktüblich und auch wirksam.

Diese Vorteile sind allerdings erkauft mit Fertigstellungs- und Projektrisiken, die der Käufer partiell eingeht, da er eine unfertige Immobilie kauft. Er trägt zunächst das Fertigstellungsrisiko, d.h. das Risiko, dass der Bauträger vor der Fertigstellung insolvent wird und das Gebäude daher nicht fertig bauen kann. Vor dem Hintergrund dieser erhöhten Gefährdung des Käufers hat der Gesetzgeber die **Makler- und Bauträgerverordnung (MaBV)** geschaffen um den Käufer zu schützen.[57] Sie legt fest, dass vertragliche Vereinbarungen grundsätzlich unwirksam sind, in denen der Bauträger den vereinbarten Werklohn für die Bauleistungen in voller Höhe vorab erhalten soll. Nach der MaBV kann der Bauträger den Werklohn nur in Teilbeträgen verlangen, die nach bestimmten Bauabschnitten fällig werden:

---

[56] Bundesgerichtshof, Urteil v. 05.04.1984, abgedruckt in Neue Juristische Wochenschrift 1984, S. 2094 ff. und Bundesgerichtshof, Urteil v. 06.10.2005, abgedruckt in Neue Juristische Wochenschrift 2006, S. 214 ff.

[57] Die MaBV bleibt auch nach der gesetzlichen Regelung des Bauträgervertrages im BGB in den §§ 650u – 650v BGB anwendbar.

- 30% der Vertragssumme nach Beginn der Erdarbeiten
- Von der restlichen Vertragssumme:
- 40% nach Rohbaufertigstellung, einschließlich Zimmererarbeiten,
- 8% für die Herstellung der Dachflächen und Dachrinnen,
- 3% für die Rohinstallation der Heizungsanlagen,
- 3% für die Rohinstallation der Sanitäranlagen,
- 3% für die Rohinstallation der Elektroanlagen,
- 10% für den Fenstereinbau, einschließlich der Verglasung,
- 6% für den Innenputz, ausgenommen Beiputzarbeiten
- 3% für den Estrich,
- 4% für die Fliesenarbeiten im Sanitärbereich,
- 12% nach Bezugsfertigkeit und Zug um Zug gegen Besitzübergabe,
- 3% für die Fassadenarbeiten,
- 5% nach vollständiger Fertigstellung.

Darüber hinaus sind die Fälligkeitsvoraussetzungen für den Werklohn des Bauträgers gesetzlich festgeschrieben ohne deren Vorliegen der Bauträger überhaupt keine Zahlungen verlangen kann:

- Der Vertrag zwischen dem Bauträger und dem Auftraggeber muss rechtswirksam geschlossen sein und die für seinen Vollzug erforderlichen Genehmigungen müssen vorliegen.
- Zur Sicherung des Anspruchs des Käufers auf Eigentumsübertragung an dem Grundstück muss eine Vormerkung im Grundbuch eingetragen sein.
- Bei Verkauf einer Eigentumswohnung muss außerdem die Begründung des Sondereigentums im Grundbuch vollzogen sein wofür die Eintragung der Teilungserklärung im Grundbuch erforderlich ist.

- Die Freistellung des Grundstückes von allen Grundpfandrechten muss gesichert sein, die der Vormerkung im Rang vorgehen oder gleichstehen und nicht
  übernommen werden sollen.
- Die Baugenehmigung muss erteilt worden sein.

Schließlich trägt der Käufer das Risiko, dass die Baubeschreibung mit den Ausstattungsmerkmalen nicht hinreichend präzise ist und es daher später zum Streit über die
Qualität der verwendeten oder zu verwendenden Baumaterialien kommt. Diese Streitigkeiten können vermieden
werden, wenn penibel auf eine unmissverständliche, lückenlose und vollständige Baubeschreibung geachtet wird.

Der Bauträgervertrag ist in Gänze beurkundungspflich-
tig, d.h. sowohl der kaufvertragliche Bestandteil über das
Grundstück als auch der werkvertragliche Bestandteil mit
der genauen Beschreibung der Bauverpflichtungen des
Bauträgers müssen notariell beurkundet werden.[58] In der
Praxis geschieht das mittels einer **Baubeschreibung,** die
als Anlage zum notariellen Kaufvertrag genommen und
mit beurkundet wird. Der Notar wird zwar darauf achten,
dass überhaupt eine Baubeschreibung mit beurkundet
wird. Er kann und wird jedoch keine Prüfung und Beratung vornehmen, ob die Vertragsparteien hinreichend
deutlich und vollständig beschrieben haben, welche Bau-

---

[58] Bundesgerichtshof, Urteil v. 10.02.2005, abgedruckt in Neue
Juristische Wochenschrift 2005, S. 1356 ff. sowie
Bundesgerichtshof, Urteil v. 6.4.1979, abgedruckt in Neue
Juristische Wochenschrift 1979, S. 1496 ff. und
Bundesgerichtshof, Urteil v. 22.07.2010, abgedruckt in
Wertpapiermitteilungen - Zeitschrift für Wirtschafts- und
Bankrecht 2010, S. 1817 ff.

qualität und welche Ausstattungsmerkmale vereinbart worden sind. Die Erfahrung zeigt, dass in Bau- und Rechtsfragen unerfahrene Käufer kaum in der Lage sind, abschließend zu beurteilen, ob ein vom Bauträger vorgelegter Textentwurf hinreichend präzise ist oder nicht. Das führt im Ergebnis leider häufig zu Streitigkeiten darüber, ob eine gewünschte Ausstattung (z.B. Natursteinfußböden statt Fliesen) von der konkreten Baubeschreibung erfasst ist oder nur gegen Aufpreis gewählt werden kann. Bauträger sind sehr versiert darin, durch schwammige Formulierungen in Baubeschreibungen diverse Möglichkeiten anzulegen, den Preis später zu erhöhen für einzelne Ausstattungsmerkmale. In der Summe können sich dadurch erhebliche Preissteigerungen ergeben.

Hinzu kommt, dass bei großen Wohnungseigentumskomplexen, die derzeit in großem Stil in großen und mittelgroßen Städten gebaut werden, Erfahrungswerte fehlen, wie sich die Atmosphäre dort entwickeln wird. Es kommt durchaus vor, dass die Wohnungseigentumsanalage in den Werbeprospekten der Bauträger noch recht gefällig wirkt. Nach Realisierung des Projektes kann sich jedoch herausstellen, dass aufgrund einer zu dichten Bebauung „Ghettoatmosphäre" aufkommt und die Wohnungen daher am Ende des Tages am Markt deutlich weniger Wertschätzung erfahren als prognostiziert. Das kann in Kombination mit einer bestimmten Mieter- oder Eigentümerstruktur in solchen Komplexen eine Abwärtsspirale in Gang setzen, die ein nicht zu unterschätzendes Risiko darstellt. Daher kann es geschickter sein, nicht auf größere Neuentwicklungen zu setzen, sondern stattdessen eine

Eigentumswohnung in einer kleinen Wohnungseigentumsanlage zu kaufen, die beispielsweise in einer innerstädtischen Baulücke entwickelt wird. Bei solchen Objekten kann leichter eingeschätzt werden, wie sich die Atmosphäre und die Eigentümer- und Mieterstruktur künftig entwickeln wird.

3. KAUFVERTRAG ÜBER GRUNDSTÜCK & BAU IN EIGENREGIE

Schließlich ist es auch möglich, ein Grundstück zu kaufen und darauf in Eigenregie eine Immobilie zu bauen. Daher möchte ich Ihnen auch zu dieser Fallgestaltung Informationen geben. Der Bau in Eigenregie birgt Projektrisiken wie Budgetüberschreitungen und Rechtsstreitigkeiten mit dem Bauunternehmer oder dem Architekten.

Wenn Sie „nur" Umbaumaßnahmen oder durchgreifende Sanierungen an einer Bestandsimmobilie vornehmen wollen, haben die nachfolgenden Ausführungen für Sie ebenfalls einen Nährwert. Denn in solchen Fällen liegt der gleiche Vertragstypus eines Werkvertrages vor und es stellen sich ähnliche Fragen wie beim Neubau einer Immobilie.

a) Kauf des Grundstückes

Der Kauf des Grundstückes weist insofern keine Besonderheiten auf. Die Prüfung vorhandener Bausubstanz entfällt natürlich. Der Schwerpunkt der Überlegungen beim Kauf des Grundstückes liegt vielmehr auf der Frage, ob die beabsichtigte Bebauung des Grundstückes bauplanungsrechtlich möglich ist.

Es gilt die Marktgepflogenheit, dass der Verkäufer **keine** Gewähr für eine bestimmte Bebaubarkeit oder baurechtliche Nutzbarkeit des Grundstückes übernimmt. Diese Fragen muss der Käufer im Eigeninteresse selbst klären. Eine Einsichtnahme in den Bebauungsplan bei der Bauaufsichtsbehörde ist unbedingt erforderlich, um zu klären welche Bebauungen nach den Festsetzungen grundsätzlich zulässig sind. Wenn die geplante Bebauung nicht eindeutig zulässig ist, so sollte vor Abschluss eines notariellen Kaufvertrages über das Grundstück ein **Bauvorbescheid** beim zuständigen Bauaufsichtsamt beantragt werden, um Zweifel auszuräumen. Das setzt natürlich voraus, dass zu diesem Zeitpunkt bereits konkrete Vorstellungen und zumindest grobe Planungen vorhanden sind, die überhaupt Gegenstand einer Bauvoranfrage sein können. Es ist jedoch zwingend erforderlich, in dieser Reihenfolge vorzugehen, da ein Rücktritt vom Grundstückkaufvertrag nicht möglich ist, wenn sich herausstellt, dass die geplante Bebauung nicht zulässig ist.

b) Planung der Bebauung

Bevor mit dem Bau einer Immobilie begonnen werden kann, sind umfangreiche Vorbereitungen erforderlich. Der Bau muss sorgfältig geplant werden was in der Regel unter Zuziehung eines Architekten erfolgt. Sowohl in der Planungsphase als auch in der Bauphase kommt dem Architekten eine Schlüsselrolle zu.

Die Aufgaben des Architekten gehen über die Planung des Bauvorhabens weit hinaus. Er ist auch für die Vorbereitung und Mitwirkung bei der Vergabe der Bauleistungen an Bauunternehmer und Handwerker und für die Überwachung der Bauarbeiten während der Bauphase und schließlich für die Vorbereitung der Schlussabnahme des fertigen Gebäudes durch den Bauherrn zuständig.

Die Tätigkeit des Architekten ist umfangreich gesetzlich geregelt in der **Honorarordnung für Architekten und Ingenieure (HOAI)**, die mit Wirkung zum 10.07.2013 umfangreich überarbeitet worden ist. Darüber hinaus ist der Architektenvertrag mit Wirkung zum 01.01.2018 erstmals auch im BGB geregelt worden.[59] Die HOAI enthält eine Anlage 10, in der die Aufgaben des Architekten in insgesamt 9 Leistungsphasen aufgeteilt und dargestellt sind:[60]

Leistungsphase 1: Grundlagenermittlung

- Klären der Aufgabenstellung auf Grundlage der Vorgaben oder der Bedarfsplanung des Auftraggebers
- Ortsbesichtigung
- Beraten zum gesamten Leistungs- und Untersuchungsbedarf
- Formulieren der Entscheidungshilfen für die Auswahl anderer an der Planung fachlich Beteiligter
- Zusammenfassen, Erläutern und Dokumentieren der Ergebnisse

---

[59] Siehe §§ 650p – 650t BGB.

[60] Ich verweise dazu auf § 34 HOAI und Anlage 10 zur HOAI.

Leistungsphase 2: Vorplanung (Projekt- und Planungsvorbereitung)

- Analysieren der Grundlagen, Abstimmen der Leistungen mit den fachlich an der Planung Beteiligten
- Abstimmen der Zielvorstellungen, Hinweisen auf Zielkonflikte
- Erarbeiten der Vorplanung, Untersuchen, Darstellen und Bewerten von Varianten nach gleichen Anforderungen, Zeichnungen im Maßstab nach Art und Größe des Objekts
- Klären und Erläutern der wesentlichen Zusammenhänge, Vorgaben und Bedingungen (zum Beispiel städtebauliche, gestalterische, funktionale, technische, wirtschaftliche, ökologische, bauphysikalische, energiewirtschaftliche, soziale, öffentlich-rechtliche)
- Bereitstellen der Arbeitsergebnisse als Grundlage für die anderen an der Planung fachlich Beteiligten sowie Koordination und Integration von deren Leistungen
- Vorverhandlungen über die Genehmigungsfähigkeit
- Kostenschätzung nach DIN 276, Vergleich mit den finanziellen Rahmenbedingungen
- Erstellen eines Terminplans mit den wesentlichen Vorgängen des Planungs- und Bauablaufs
- Zusammenfassen, Erläutern und Dokumentieren der Ergebnisse

Leistungsphase 3: Entwurfsplanung (System- und Integrationsplanung)

- Erarbeiten der Entwurfsplanung, unter weiterer Berücksichtigung der wesentlichen Zusammenhänge, Vorgaben und Bedingungen (zum Beispiel städtebauliche, gestalterische, funktionale, technische, wirtschaftliche, ökologische, soziale, öffentlich-rechtliche) auf der Grundlage der Vorplanung und als Grundlage für die weiteren Leistungsphasen und die erforderlichen öffentlich-rechtlichen Genehmigungen unter Verwendung der Beiträge anderer an der Planung fachlich Beteiligter. Zeichnungen nach Art und Größe des Objekts im erforderlichen Umfang und Detaillierungsgrad unter Berücksichtigung aller fachspezifischen Anforderungen, zum Beispiel bei Gebäuden im Maßstab 1:100, zum Beispiel bei Innenräumen im Maßstab 1:50 bis 1:20

- Bereitstellen der Arbeitsergebnisse als Grundlage für die anderen an der Planung fachlich Beteiligten sowie Koordination und Integration von deren Leistungen
- Objektbeschreibung
- Verhandlungen über die Genehmigungsfähigkeit
- Kostenberechnung nach DIN 276 und Vergleich mit der Kostenschätzung
- Fortschreiben des Terminplans
- Zusammenfassen, Erläutern und Dokumentieren der Ergebnisse

Leistungsphase 4: Genehmigungsplanung

- Erarbeiten und Zusammenstellen der Vorlagen und Nachweise für öffentlich-rechtliche Genehmigungen oder Zustimmungen einschließlich der Anträge auf Ausnahmen und Befreiungen, sowie notwendiger Verhandlungen mit Behörden unter Verwendung der Beiträge anderer an der Planung fachlich Beteiligte
- Einreichen der Vorlagen
- Ergänzen und Anpassen der Planungsunterlagen, Beschreibungen und Berechnungen

Leistungsphase 5: Ausführungsplanung

- Erarbeiten der Ausführungsplanung mit allen für die Ausführung notwendigen Einzelangaben (zeichnerisch und textlich) auf der Grundlage der Entwurfs-

und Genehmigungsplanung bis zur ausführungsreifen Lösung, als Grundlage für die weiteren Leistungsphasen

- Ausführungs-, Detail- und Konstruktionszeichnungen nach Art und Größe des Objekts im erforderlichen Umfang und Detaillierungsgrad unter Berücksichtigung aller fachspezifischen Anforderungen, zum Beispiel bei Gebäuden im Maßstab 1:50 bis 1:1, zum Beispiel bei Innenräumen im Maßstab 1:20 bis 1:1
- Bereitstellen der Arbeitsergebnisse als Grundlage für die anderen an der Planung fachlich Beteiligten, sowie Koordination und Integration von deren Leistungen
- Fortschreiben des Terminplans
- Fortschreiben der Ausführungsplanung auf Grund der gewerkorientierten Bearbeitung während der Objektausführung
- Überprüfen erforderlicher Montagepläne der vom Objektplaner geplanten Baukonstruktionen und baukonstruktiven Einbauten auf Übereinstimmung mit der Ausführungsplanung

Leistungsphase 6: Vorbereitung der Vergabe

- Aufstellen eines Vergabeterminplans
- Aufstellen von Leistungsbeschreibungen mit Leistungsverzeichnissen nach Leistungsbereichen, Ermitteln und Zusammenstellen von Mengen auf der Grundlage der Ausführungsplanung unter Verwendung der Beiträge anderer an der Planung fachlich Beteiligter
- Abstimmen und Koordinieren der Schnittstellen zu den Leistungsbeschreibungen der an der Planung fachlich Beteiligten
- Ermitteln der Kosten auf der Grundlage vom Planer bepreister Leistungsverzeichnisse

- Kostenkontrolle durch Vergleich der vom Planer be-preisten Leistungsverzeichnisse mit der Kostenbe-rechnung
- Zusammenstellen der Vergabeunterlagen für alle Leis-tungsbereiche

Leistungsphase 7: Mitwirkung bei der Vergabe

- Koordinieren der Vergaben der Fachplaner
- Einholen von Angeboten
- Prüfen und Werten der Angebote einschließlich Auf-stellen eines Preisspiegels nach Einzelpositionen oder Teilleistungen, Prüfen und Werten der Angebote zu-sätzlicher und geänderter Leistungen der ausführen-den Unternehmen und der Angemessenheit der Preise
- Führen von Bietergesprächen
- Erstellen der Vergabevorschläge, Dokumentation des Vergabeverfahrens
- Zusammenstellen der Vertragsunterlagen für alle Leistungsbereiche
- Vergleichen der Ausschreibungsergebnisse mit den vom Planer bepreisten Leistungsverzeichnissen oder der Kostenberechnung
- Mitwirken bei der Auftragserteilung

Leistungsphase 8: Objektüberwachung (Bauüberwachung)

- Überwachen der Ausführung des Objektes auf Über-einstimmung mit der öffentlich-rechtlichen Genehmi-gung oder Zustimmung, den Verträgen mit ausfüh-renden Unternehmen, den Ausführungsunterlagen, den einschlägigen Vorschriften sowie mit den allge-mein anerkannten Regeln der Technik
- Überwachen der Ausführung von Tragwerken mit sehr geringen und geringen Planungsanforderungen

auf Übereinstimmung mit dem Standsicherheitsnachweis

- Koordinieren der an der Objektüberwachung fachlich Beteiligten
- Aufstellen, Fortschreiben und Überwachen eines Terminplans (Balkendiagramm)
- Dokumentation des Bauablaufs (zum Beispiel Bautagebuch)
- Gemeinsames Aufmaß mit den ausführenden Unternehmen
- Rechnungsprüfung einschließlich Prüfen der Aufmaße der bauausführenden Unternehmen
- Vergleich der Ergebnisse der Rechnungsprüfungen mit den Auftragssummen einschließlich Nachträgen
- Kostenkontrolle durch Überprüfen der Leistungsabrechnung der bauausführenden Unternehmen im Vergleich zu den Vertragspreise
- Kostenfeststellung, zum Beispiel nach DIN 276
- Organisation der Abnahme der Bauleistungen unter Mitwirkung anderer an der Planung und Objektüberwachung fachlich Beteiligter, Feststellung von Mängeln, Abnahmeempfehlung für den Auftraggeber
- Antrag auf öffentlich-rechtliche Abnahmen und Teilnahme daran
- Systematische Zusammenstellung der Dokumentation, zeichnerischen Darstellungen und rechnerischen Ergebnisse des Objekts
- Übergabe des Objekts
- Auflisten der Verjährungsfristen für Mängelansprüche
- Überwachen der Beseitigung der bei der Abnahme festgestellten Mängel

Leistungsphase 9: Objektbetreuung und Dokumentation

- Fachliche Bewertung der innerhalb der Verjährungsfristen für Gewährleistungsansprüche festgestellten Mängel, längstens jedoch bis zum Ablauf von fünf Jahren seit Abnahme der Leistung, einschließlich notwendiger Begehungen
- Objektbegehung zur Mängelfeststellung vor Ablauf der Verjährungsfristen für Mängelansprüche gegenüber den ausführenden Unternehmen
- Mitwirken bei der Freigabe von Sicherheitsleistungen

An dieser detaillierten Liste der Aufgaben des Architekten in den insgesamt 9 Leistungsphasen können Sie bereits ersehen, wie umfangreich die durchzuführenden Arbeiten sind, die mit Planung und Errichtung einer Immobilie verbunden sind. Insbesondere sind Sie als Bauherr an der Abwicklung der Leistungsphasen beteiligt und müssen insofern auch mit erheblichem Zeitaufwand für sich selbst rechnen. Das wird von vielen Bauherren unterschätzt.

Die HOAI regelt darüber hinaus das Honorar des Architekten. Dabei kommen Honorartabellen zum Einsatz, die die Höhe des Honorars in Abhängigkeit von den Baukosten und von der Komplexität des Planungs- und Überwachungsaufwandes festlegen. Die Einzelheiten sind relativ kompliziert.

Eine abweichende Vereinbarung über das Architektenhonorar (etwa in Form einer Pauschalhonorarvereinbarung) gestaltet sich schwierig, da die Regeln der HOAI zwingend sind. Bei der Vergabe eines Auftrages an einen Architekten ist daher Vorsicht und Umsicht geboten.

c) Abschluss der Bauverträge

Wenn die Planungen der Immobilie (weitgehend) abgeschlossen und die günstigsten Anbieter für die Ausführung der Bauarbeiten nach Abschluss der Ausschreibung ermittelt sind, steht mit dem Abschluss der Bauverträge eine ganz entscheidende Weichenstellung an.

Nach meiner auf praktische Erfahrungen gestützten Auffassung ist es nicht ratsam, erst dann einen Rechtsanwalt zu Rate zu ziehen, wenn Probleme aufgetreten sind, sondern bereits bei Abschluss des Vertrages, denn zu diesem Zeitpunkt kann noch Einfluss auf den Inhalt des Vertragstextes genommen werden. Ein sorgfältig ausgearbeiteter und durchdachter Bauvertrag mit dem Bauunternehmer ist für den Bauherrn die beste Absicherung seiner Rechte bei Auftreten von Problemen in der Bauausführungsphase. Zwar sind mit Wirkung zum 01.01.2018 Reglungen zum Vertragstyp des Bauvertrages in das BGB eingefügt worden, die den Bauherrn schützen sollen.[61] Allerdings sind diese genauso wenig geeignet wie die alten Regelungen, den Bauherren vor schlechten Vertragstexten zu schützen. Dagegen kann sich der Bauherr nur selbst schützen.

Bei der Ausführung der Pläne und dem Bau der Immobilie kommen Bauunternehmen und Handwerker zum Einsatz. Der Bauherr muss sich entscheiden, wie er die Bauunternehmer einsetzt. Dabei ist eine Bandbreite von verschiedenen Vertragsmodellen möglich:

---

[61] Ich verweise dazu auf die §§ 650a – 650h BGB.

aa) Vergabe von Einzelgewerken

Eine Möglichkeit besteht in der Vergabe von Einzelgewerken. Der Bauherr schließt bei dieser Variante viele Einzelverträge mit Bauunternehmern und Handwerkern, die jeweils nur einen Teil der Bauleistungen erbringen. Diese Art der Einschaltung von Bauunternehmern erfordert eine sehr gute Planung und birgt die Gefahr in sich, dass bei Ausfall und oder Schlechtleistung eines Bauunternehmers oder Handwerkers die gesamte Zeitplanung und nachfolgende Arbeiten gestört werden. Sie stellt daher erhöhte Anforderungen an den Architekten des Bauherrn bei der Bauausführungsplanung und bei der Überwachung der Bauarbeiten.

Ein erheblicher Nachteil der Vergabe von Einzelgewerken besteht darin, dass eine mangelhafte Leistung eines Bauunternehmers oder Handwerkers auf die Leistung eines anderen Bauunternehmers durchschlagen kann, was zu sehr komplexen Rechtsstreitigkeiten führt, wenn die Verantwortungsbereiche nicht einwandfrei voneinander abgegrenzt werden können. Wenn beispielsweise bei der Installation einer Fußbodenheizung ein Leck auftritt und der Estrichleger und der Heizungsmonteur sich gegenseitig die Schuld geben, so kann es für den Bauherrn sehr schwierig werden, die Verantwortlichkeiten zu klären und zu entscheiden, welchen der beiden Handwerker er auf Nachbesserung und ggf. Schadensersatz in Anspruch nehmen soll. Durch derartige Unsicherheiten und Streitigkeiten kann die gesamte Planung und Terminierung der nachfolgenden Bauarbeiten erheblich gestört werden.

Wenn hingegen die Bauunternehmerleistungen aus einer Hand kommen, so spielt die Abgrenzung der Verantwortlichkeiten bei einzelnen Gewerken keine Rolle. Dazu verweise ich insoweit auf die folgenden Ausführungen zum Generalunternehmervertrag.

bb) Generalunternehmervertrag

Bei der Beauftragung eines Generalunternehmers mit dem Bau des Gebäudes entfällt die Vergabe von Einzelgewerken durch den Bauherrn, weil sämtliche Bauleistungen aus einer Hand geliefert werden. Darüber hinaus übernimmt der Generalunternehmer auch die Koordinierung der Bauleistungen und die Verantwortung für den Gesamterfolg und die Einhaltung von Terminen.

Generalunternehmer werden in der Regel erst nach Abschluss der Planungsphase und nach Vorliegen eines fertigen Konzeptes für das Bauwerk eingeschaltet, um die Ausführungsplanung und die Ausführung zu übernehmen. Möglich ist dabei auch die Vertragsvariante, dass die Ausführungsplanung und die Überwachung der Bauleistungen noch vom Architekten des Bauherrn geliefert werden und nur die blanken Bauleistungen vom Generalunternehmer erbracht werden. Der Vorteil des Generalunternehmervertrages gegenüber der Vergabe von Einzelgewerken besteht darin, dass das Risiko der Planung und Koordinierung der Ausführung der Bauleistungen vom Bauherrn auf den Generalunternehmer abgewälzt wird. Der Nachteil besteht darin, dass die Herstellungskosten dadurch in der Regel steigen, weil der Generalunternehmer für die Übernahme der Risiken natürlich auch einen

Gewinn einkalkuliert, der vom Bauherrn bezahlt werden muss.

Schließlich trägt der Bauherr das Risiko, dass er das Bauwerk in Eigenregie fertigstellen muss wenn der Generalunternehmer vor der Fertigstellung des Bauwerkes in die Insolvenz geht. In einem solchen Fall treffen den Bauherrn in der Regel erheblich höhere Kosten.

cc) Preisgestaltungsmodelle

Schließlich stellt sich für den Bauherrn die wichtige Frage, wie er die Preisgestaltung bei der Ausführung des Bauvorhabens handhaben will. Diese Frage stellt sich sowohl bei der Vergabe von Einzelgewerken als auch bei der Vergabe der Bauleistungen an einen Generalunternehmer.

Stundenlohn und Materialvergütung

Zunächst gibt es die Möglichkeit, den Preis für die Bauleistungen an die tatsächlich erbrachten Arbeitsstunden und an den tatsächlichen Materialverbrauch zu koppeln. Diese Preisgestaltung hat jedoch für den Bauherrn erhebliche Nachteile, da er nicht einschätzen kann, wie viele Arbeitsstunden tatsächlich erforderlich werden. Darüber hinaus besteht die Gefahr, dass für den Bauunternehmer Fehlanreize geschaffen werden, die Arbeiten nicht mit der gebotenen Zügigkeit durchzuführen.

Diese Preisgestaltungsvariante wird daher in der Praxis nur im Ausnahmefall gewählt und auch nur für einen überschaubaren Teilbereich der Arbeiten und niemals für die Errichtung des gesamten Gebäudes.

Einheitspreisvereinbarung

Bei der Einheitspreisvereinbarung wird der Preis für die Bauleistungen aus den einzelnen Positionsbezeichnungen des Leistungsverzeichnisses und der erforderlichen Menge der einzelnen Leistungskomponenten ermittelt. Der Preis der gesamten Bauleistungen ergibt sich dabei aus der Summe der Kosten für die Positionen des Leistungsverzeichnisses.

Die Vergabe der Bauleistungen auf der Grundlage einer Einheitspreisvereinbarung ist daher erst dann möglich, wenn die erforderlichen Positionen des Leistungsverzeichnisses und die Mengen bekannt sind. Das ist erst nach Abschluss der Detailplanung des Bauvorhabens und damit erst in einer sehr späten Projektphase möglich. Der Bauherr trägt bei dieser Preisgestaltung das Risiko, dass das Leistungsverzeichnis nicht vollständig ist. Wenn sich später herausstellt, dass erforderliche Leistungen nicht im Leistungsverzeichnis aufgeführt sind, so fallen dafür Mehrkosten an, da diese zusätzlich beauftragt und vergütet werden müssen.

Darüber hinaus enthält das Leistungsverzeichnis in der Regel eine Annahme über die erforderliche Menge der jeweiligen Leistungspositionen (z.B. 30 Kubikmeter Stahlbeton). Wenn sich später herausstellt, dass diese Menge nicht ausreichend ist, so erhöhen sich auch insoweit die Kosten für den Bauherrn.

Globalpauschalvergütung mit Leistungsverzeichnis

Die Globalpauschalvergütung zeichnet sich dadurch aus, dass die zuvor bei der Einheitspreisvergütung verbleibenden Risiken für den Bauherrn ausgeschaltet werden. Der Bauherr schuldet demnach auch dann nur den vereinbarten Globalpauschalpreis, wenn sich herausstellt, dass das zugrunde gelegte Leistungsverzeichnis unvollständig ist oder die angenommenen Mengenangaben unzureichend sind.

Vorteil der Globalpauschalvergütung ist, dass der Bauherr gegen Zusatzkosten gefeit ist. Die Kehrseite der Medaille ist, dass der Bauherr die Verschiebung des Vollständigkeitsrisikos des Leistungsverzeichnisses sowie des Mengenkalkulationsrisikos auf den Bauunternehmer natürlich nur gegen Aufpreis erhält, da der Bauunternehmer dieses zusätzliche Risiko preislich in seiner Kalkulation adressieren muss.

dd) Einbeziehung der VOB/B

Über die oben dargestellten Punkte hinaus sind im Bauvertrag weitere Regelungen zu treffen. Der Bauvertrag ist zwar mit Wirkung zum 01.01.2018 als eigener Vertragstyp im BGB geregelt worden.[62] Allerdings sind die Regelungen in vielen Punkten noch immer nicht detailliert und ausgewogen genug, um für die typischen Fallgestaltungen zu fairen Lösungen zu kommen. Vielmehr sind für einen derart komplexen Vertrag wie den Bauvertrag engmaschigere und genauere Regelungen erforderlich. Zu diesem Zweck wurde die **Vergabe- und Vertragsordnung für Bauleistungen (VOB)** entwickelt. Sie gliedert sich in 3 Teile (A, B und C). Teil A befasst sich mit dem Vergabeprozess bei der öffentlichen Hand als Bauherr, Teil B mit

---

[62] Ich verweise dazu auf die §§ 650a – 650h BGB.

allgemeinen Vertragsbedingungen und Teil C mit technischen Anforderungen.

Für den privaten Bauherrn ist der Teil B (**VOB/B**) der wichtigste Teil, weil er ein Muster für die interessengerechte Festlegung der wechselseitigen Rechte und Pflichten der Parteien eines Bauvertrages enthält. Die VOB/B stellt kein Gesetz und auch keine Verordnung dar. Sie hat vielmehr Mustervertragscharakter. Da die Regelungen der VOB/B sich in der Praxis bewährt haben, finden sie nahezu flächendeckend auch bei Bauverträgen mit privaten Bauherren Anwendung.

Die VOB/B wird jedoch nicht automatisch Vertragsinhalt bei einem Bauvertrag, sondern sie muss von den Vertragsparteien durch Vereinbarung zur Vertragsgrundlage gemacht werden. Die Texte der VOB/B werden laufend überarbeitet. Die aktuelle Fassung datiert aus April 2016.[63] Ein Blick auf das Inhaltsverzeichnis der VOB/B zeigt die große Bandbreite der Regelungen:

- § 1 Art und Umfang der Leistung
- § 2 Vergütung
- § 3 Ausführungsunterlagen
- § 4 Ausführung
- § 5 Ausführungsfristen
- § 6 Behinderung und Unterbrechung der Ausführung
- § 7 Verteilung der Gefahr
- § 8 Kündigung durch den Auftraggeber

---

[63] Den vollständigen Text können Sie auf der folgenden Internetseite kostenlos abrufen: https://goo.gl/gT8pZi

- § 9 Kündigung durch den Auftragnehmer
- § 10 Haftung der Vertragsparteien
- § 11 Vertragsstrafe
- § 12 Abnahme
- § 13 Mängelansprüche
- § 14 Abrechnung
- § 15 Stundenlohnarbeiten
- § 16 Zahlung
- § 17 Sicherheitsleistung
- § 18 Streitigkeiten

Ein gewichtiger Vorteil der Einbeziehung der VOB/B in den Bauvertrag liegt darin, dass die Regeln ausgewogen und interessengerecht sind und damit nicht einseitig zu Lasten des Bauherrn gehen. Wenn hingegen ein selbst erstellter Bauvertragsentwurf des Bauunternehmers statt der VOB/B verwendet wird, so besteht ein großes Risiko, dass der Bauunternehmer zu Lasten des Bauherrn einseitig besser gestellt wird. Ein weiterer Vorteil der Einbeziehung der VOB/B in den Bauvertrag besteht darin, dass es aufgrund der großflächigen Verwendung des Vertragstextes im Markt zu den einzelnen Klauseln umfangreiche Rechtsprechung gibt. Damit werden Unschärfen und Ungenauigkeiten vermieden, die bei selbst entworfenen Formulierungen natürlich leichter auftreten können.

Es ist auch möglich, die VOB/B zur Vertragsgrundlage zu machen und trotzdem einige Punkte ausdrücklich abweichend von der VOB/B zu regeln. Eine solche Vorgehensweise setzt jedoch eine genaue Kenntnis der Regelungen der VOB/B voraus und ist daher ohne Hilfe eines Rechtsanwaltes nur schwer umzusetzen. Aber auch bei Einbeziehung der VOB/B ohne abweichende Regelungen sollte der Bauherr den Inhalt der VOB/B kennen, da er nur so seine Rechte sichern kann. Daher möchte ich Ihnen einige besonders wichtige Regelungen der VOB/B schlaglichtartig vorstellen:

Einseitige Anordnung von Zusatzleistungen durch Bauherrn

Im Laufe der Ausführung eines Bauvorhabens kommt es häufig vor, dass der Bauherr feststellt, dass seine Vorstellungen von den Bauleistungen nicht vollständig im Leistungsverzeichnis dargestellt sind, welches im Regelfall alleinige Grundlage der vom Bauunternehmer geschuldeten Leistungen ist. Nicht selten ist auch ein Sinneswandel des Bauherrn der Hintergrund. So etwa, wenn sich der Bauherr nach Baubeginn z.B. für einen hochwertigeren Natursteinfußboden entscheidet statt des vertraglich vereinbarten Fliesenfußbodens. Der Bauherr hat in diesen Fällen ein starkes Interesse, diesen zusätzlichen Leistungsumfang beim beauftragten Bauunternehmer abzurufen. Ohne die Einbeziehung der VOB/B müsste für diesen zusätzlichen Leistungsumfang nach allgemeinen Rechtsregeln ein ergänzender Vertrag geschlossen werden, der nur dann zustande kommt, wenn beide Parteien sich einvernehmlich darauf einigen. Das würde den Bauherrn jedoch erpressbar machen hinsichtlich der Verhandlung des Preises für die Zusatzleistungen. Bei Einbeziehung der VOB/B wird dieser Konflikt interessengerecht gelöst durch ein Recht des Bauherrn, eine Leistungserweiterung einseitig (d.h. auch ohne Einverständnis des Bauunternehmers) zu fordern.[64] Die dafür fällige Mehrvergütung wird nach den Regelungen der VOB/B aus den kalkulatorischen Ansätzen des (nicht erweiterten) Leistungsverzeichnisses abgeleitet.[65] So ist der Bauherr gegen willkürliche Preisforderungen des Bauunternehmers besser geschützt als bei einer Nachtragsvereinbarung nach den Regeln des BGB. Da sich diese Regelungen bewährt haben, hat der Gesetzgeber sie mit Wirkung zum 01.01.2018 (geringfügig modifiziert) in das BGB übernommen. Ich verweise dazu auf die §§ 650b und 650c BGB.

Rechte des Bauherrn bei Bauverzögerungen

Die VOB/B enthält detaillierte Regelungen zu den Rechten des Bauherrn bei Bauverzögerungen. Diese sind begrifflich dann gegeben, wenn vertraglich verbindlich festlegte Fertigstellungsfristen vom Bauunternehmer nicht eingehalten werden. Schließlich kann sich aus einer Bauverzögerung ein Recht des Bauherrn zur Kündigung des Bauvertrages bereits in der Bauphase ergeben.[66] Eine Kündigung des Vertrages ist jedoch grundsätzlich erst nach fruchtlosem Verstreichen einer Nachfrist mit Kündigungsandrohung zulässig.[67] Nach der Kündigung des Vertrages ist der Bauherr berechtigt, den noch nicht vollendeten Teil der Leistungen durch einen Dritten ausführen zu lassen und dem Bauunternehmer die Mehrkosten aufzuerlegen. Diese Regelung hat der Gesetzgeber mit Wirkung

---

[64] Ich verweise dazu auf § 1 VOB/B.

[65] Ich verweise dazu auf § 2 VOB/B.

[66] Ich verweise dazu auf § 8 Abs. 3 VOB/B.

[67] Ich verweise dazu auf § 4 Abs. 7 und 8 und § 5 Abs. 4 VOB/B.

zum 01.01.2018 rudimentär in das BGB (siehe § 648a BGB) übernommen, aber leider nicht so detailliert, wie es in der VOB/B geregelt ist. Es ist daher auch nach der Gesetzesänderung zum 01.01.2018 zu empfehlen, in diesem Punkt auf die VOB/B zu setzen.

In der VOB/B sind Regelungen für Vertragsstrafen optional vorgesehen.[68] Die Vertragsstrafe muss jedoch auf dieser Grundlage konkret vereinbart und insbesondere hinsichtlich der Höhe festgelegt werden. Sie ist nicht bereits in der VOB/B als Automatismus angelegt. Eine Vertragsstrafe fällt insbesondere bei einer Überschreitung von verbindlich vereinbarten Fertigstellungsfristen an, es sei denn, dass die Bauverzögerung vom Bauherrn zu verantworten ist. Die Vertragsstrafe stellt einen pauschalisierten Schadensatzanspruch des Bauherrn dar. Das hat für den Bauherrn den Vorteil, dass er den Eintritt eines Schadens durch die Verzögerung und die Höhe desselben nicht konkret nachweisen muss. Eine weitere positive Wirkung der Vertragsstrafe ist, dass der Bauunternehmer dadurch zu vertragskonformem Verhalten motiviert wird. Allerdings kann eine ausgelöste Vertragsstrafe wieder erlöschen wenn der Bauherr versäumt, sich diese bei der Schlussabnahme der Bauarbeiten vorzubehalten.[69]

---

[68] Ich verweise dazu auf § 11 VOB/B.

[69] Ich verweise dazu auf § 11 Abs. 4 VOB/B.

Rechte des Bauherrn wegen Baumängeln

Schließlich enthält die VOB/B detaillierte Regelungen zu Baumängeln und den sich daraus ergebenden Rechten des Bauherrn. Die gesetzlichen Gewährleistungsrechte werden durch die VOB/B etwas modifiziert. Die modifizierten Gewährleistungsregelungen nach der VOB/B können der nachfolgenden schematischen Darstellungen entnommen werden.

Gewährleistungsansprüche des Bauherrn nach VOB/B

Hinweis: Sämtliche Grafiken in diesem Buch können Sie auch im Internet herunterladen unter: www.alexander-goldwein.de/download/ife.pdf

Eine wichtige Besonderheit ist die Regelung der **Verjährung** der Gewährleistungsrechte, die in der VOB/B abweichend vom BGB geregelt ist. Während das BGB 5 Jahre Verjährungsfrist für Baumängel vorsieht, legt die

VOB/B nur 4 Jahre fest.[70] In der Praxis wird daher bei Verwendung der VOB/B sehr häufig abweichend eine Verlängerung der Verjährungsfrist auf 5 Jahre vereinbart. Das ist dem Bauherrn unbedingt zu empfehlen.

Fiktive Abnahme und Teilabnahme nach VOB/B

Eine weitere Besonderheit der VOB/B ist die Regelung einer fiktiven Abnahme[71] wenn der Bauherr sich innerhalb von 12 Tagen nach der Fertigstellungsanzeige durch den Bauunternehmer nicht äußert.[72] Darüber hinaus kann eine fiktive Abnahme durch widerspruchslose Ingebrauchnahme des Bauwerkes eintreten.[73] Diese Regelungen sind nicht ganz ungefährlich für den Bauherrn. Sie greifen jedoch dann nicht, wenn eine der Vertragsparteien auf eine förmliche Abnahme besteht. Es ist daher zu empfehlen, dass der Bauherr frühzeitig deutlich macht, dass er auf eine förmliche Abnahme besteht, so dass diese Fiktion nicht eintreten kann. Eine solche Regelung kann bereits im Vertragstext verankert werden, so dass hier für den Bauherrn keine unerwarteten Rechtsfolgen drohen.[74]

---

[70] Siehe § 634a Abs. 1 Nr. 2 BGB und § 13 Absatz 4 VOB/B.

[71] Zur Erklärung des Begriffes der Abnahme und zu den Rechtsfolgen der Abnahme wird auf die Ausführungen weiter unten verwiesen.

[72] Ich verweise dazu auf § 12 Abs. 5 VOB/B.

[73] Ich verweise dazu auf § 12 Abs. 5 VOB/B.

[74] Ich verweise dazu auf Bundesgerichtshof, Urteil vom 10.10.1996, abgedruckt in Neue Juristische Wochenschrift 1997, S. 394

Eine weitere wichtige Baustelle ist die Regelung in der VOB/B, dass der Bauunternehmer Teilabnahmen verlangen kann.[75] Solche Teilabnahmen schwächen die Verhandlungsposition des Bauherrn und verkürzen darüber hinaus die Verjährungsfrist, da diese mit der Teilabnahme für den abgenommen Gebäudeteil bereits zu laufen beginnt. Daher ist zu empfehlen, auch insoweit eine Änderung der VOB/B vertraglich zu vereinbaren und Teilabnahmen auszuschließen.

d) Sicherung und Durchsetzung der Rechte des Bauherrn

Für den Bauherrn ist es wichtig, dass er seine Rechte kennt und über die Möglichkeiten der Durchsetzung informiert ist, um den Bauunternehmer bei Auftreten von Problemen zu vertragsgemäßem Verhalten und mangelfreien Bauarbeiten anhalten zu können. In der Praxis zeigt sich jedoch leider häufig eine taktische Überlegenheit des Bauunternehmers gegenüber dem privaten Bauherrn. Diese beruht darauf, dass der Bauunternehmer umfangreiche Praxiserfahrung hinsichtlich des Umgangs mit Problemen in der Bauphase hat wohingegen der private Bauherr kaum auf Erfahrungswerte zurückgreifen kann. Umso wichtiger ist es, dass der Bauherr diese Unterlegenheit durch eine möglichst gute Kenntnis seiner Rechte auszugleichen vermag.

Die möglichen Problemfelder sind groß und in der Regel treten schnell komplexe rechtliche und bautechnische

---

[75] Ich verweise dazu auf § 12 Abs. 2 VOB/B.

Fragen auf, die der Bauherr im Normalfall nicht allein beantworten kann. Die praktische Erfahrung zeigt, dass es
ratsam ist, bei Auftreten von Problemen sofort einen
Fachmann zu Rate zu ziehen. Wenn der Bauherr zunächst
versucht, Konflikte mit dem Bauunternehmer im Allein-
gang auszutragen, macht er leider häufig Fehler, die am
Ende des Tages zu einer erheblichen Schwächung seiner
Rechtsposition und seiner Verhandlungsposition führen.

e) Schlussabnahme

Die Bauausführungsphase endet mit der Schlussabnahme der Bauleistungen durch den Bauherrn. Die
Schlussabnahme ist die rechtlich verbindliche Erklärung
des Bauherrn, dass er das fertig gestellte Bauwerk als im
Wesentlichen vertragsgerecht akzeptiert. Die Schlussabnahme ist sehr wichtig, weil diverse Rechtsfolgen an sie
geknüpft sind:

- Der Anspruch des Bauunternehmers auf Werklohn
  wird fällig.[76]
- Die Verjährungsfristen für Mängelgewährleistung beginnen zu laufen.
- Die Beweislast für Baumängel geht vom Bauunternehmer auf den Bauherrn über.

---

[76] Bei Vereinbarung der VOB/B tritt jedoch die Fälligkeit nicht
vor Erteilung einer prüffähigen Schlussrechnung und nicht vor
Ablauf einer Prüffrist von 2 Monaten ein, was sich aus § 16
Absatz 3 VOB/B ergibt. Abschlagszahlungen können bereits vor
der Schlussabnahme für einzelne Bauabschnitte fällig werden,
wenn das vereinbart worden ist.

- Rechte des Bauherrn wegen nicht ausdrücklich vorbehaltener Mängel oder Vertragsstrafen gehen unter.[77]

Der Bauherr muss sich auf einen Abnahmetermin gut vorbereiten. Er muss genau im Bilde sein, welche Mängel bestehen und welche Vertragsstrafen verwirkt sind, die er sich vorbehalten muss in der Abnahmeerklärung. Obwohl weder das BGB noch die VOB/B eine förmliche Abnahme vorsehen, ist dringend zu empfehlen, eine förmliche Abnahme im Vertrag zu vereinbaren und insoweit die Regelungen des BGB und der VOB/B vertraglich abzuändern.

Eine förmliche Abnahme bedeutet dabei die gemeinsame Begehung des Gebäudes (in der Regel unter Zuziehung von Sachverständigen und Beratern auf Seiten des Bauherrn) und die Prüfung der einzelnen Gewerke durch beide Vertragsparteien. Dabei wird ein Protokoll über den Zustand und insbesondere etwaige Mängel erstellt bzw. festgestellt, dass ein bestimmtes Gewerk mangelfrei ist. Es ist ratsam, vor dem eigentlichen Abnahmetermin eine „Generalprobe" mit dem eigenen Architekten zu machen. So ist sichergestellt, dass man nichts übersieht und keine Überraschungen im Abnahmetermin erlebt, auf die man schnell reagieren muss.

---

[77] Eine Ausnahme hiervon bildet der Anspruch auf Schadensersatz gemäß § 640 Abs. 2 BGB.

4. ERWERB EINER IMMOBILIE IN DER ZWANGSVERSTEIGERUNG

Eine Besonderheit stellt der Erwerb einer Immobilie in der Zwangsversteigerung dar. Für einen Zwangsversteigerungstermin sollte man als Käufer gut vorbereitet sein und ein Grundverständnis vom Ablauf eines Zwangsversteigerungsverfahrens haben. Es gehört auch eine gewisse Nervenstärke dazu, eine Immobilie in der Zwangsversteigerung zu kaufen weil man in der Regel lückenhafte Informationen über die Immobilie hat und darüber hinaus im Versteigerungstermin sehr schnell auf bestimmte Verfahrensschritte reagieren muss, die nicht immer vorhersehbar sind.

Die Zwangsversteigerung stellt die Durchsetzung eines Zahlungsanspruchs von Gläubigern mit staatlichen Zwangsmitteln dar. Nach Abschluss der Zwangsversteigerung wird der Versteigerungserlös an die mit Grundschulden und Hypotheken gesicherten Gläubiger ausgekehrt. Ein weiterer Anlass für eine Zwangsversteigerung kann die Auseinandersetzung einer Eigentümergemeinschaft nach Bruchteilen sein.[78] Hintergrund ist dabei häufig eine Ehescheidung.

Das Verfahren der Zwangsversteigerung ist im **Gesetz über die Zwangsversteigerung und die Zwangsverwaltung (ZVG)** geregelt und wird bei dem Amtsgericht als Vollstreckungsgericht durchgeführt, in dessen Bezirk die Immobilie liegt. Die Zwangsversteigerung muss durch ei-

---

[78] Ich verweise dazu auf § 180 ZVG.

nen oder mehrere Gläubiger beim zuständigen Amtsgericht beantragt werden. Diese werden **betreibende Gläubiger** genannt und haben im Verfahren besondere Rechte. Häufig sind Banken die betreibenden Gläubiger, die eine durch Grundschuld abgesicherte Darlehensforderung gegen den Grundstückseigentümer haben. Die Anordnung der Zwangsversteigerung durch das Vollstreckungsgericht wird im Grundbuch in der Abteilung II vermerkt und darüber hinaus im Internet publiziert auf den Seiten der Justiz.

Vor dem Versteigerungstermin muss das Vollstreckungsgericht den Verkehrswert der Immobilie ermitteln. Diese **Verkehrswertfeststellung** dient dazu, die Wertgrenzen für bestimmte Gläubiger- und Schuldnerschutzrechte im Versteigerungstermin bestimmen zu können. Zur Ermittlung des Verkehrswertes beauftragt das Gericht einen vereidigten Sachverständigen mit der Erstellung eines Gutachtens. Dieses Verkehrswertgutachten wird dann den Verfahrensbeteiligten zugänglich gemacht. Nach Anhörung der Beteiligten setzt das Gericht auf der Grundlage dieses Gutachtens den Verkehrswert durch Beschluss fest. Nach Festsetzung eines ersten Versteigerungstermins durch das Gericht wird das Verkehrswertgutachten im Internet in einem Justizportal des Bundes und der Länder eingestellt und kann dort von Interessenten kostenlos heruntergeladen werden.[79]

---

[79] Ich verweise dazu auf die folgende Seite: http://www.zvg-portal.de

Nach erfolgter Verkehrswertfestsetzung wird der **Versteigerungstermin** bestimmt. In der Regel vergehen zwischen Anordnung der Zwangsversteigerung und Bestimmung des Versteigerungstermins 9 bis 12 Monate. Der Versteigerungstermin wird durch Aushang im Amtsgericht und Veröffentlichung im Amtsblatt und seit einiger Zeit auch im Internet bekannt gemacht.[80]

Beim Erwerb in der Zwangsversteigerung gibt es einige Besonderheiten, die der Käufer kennen und in seine Entscheidung einbeziehen muss. Eine Besichtigung des Versteigerungsobjektes wird vom Gericht **nicht** vermittelt. Es besteht auch (leider) kein Anspruch des Interessenten auf Besichtigung der Immobilie. Daher stellt es eher die Regel als die Ausnahme dar, dass der Bieter eine Immobilie in der Zwangsversteigerung kauft, ohne diese zuvor von innen gesehen zu haben. Meist ist der Bieter auf die wenigen Fotos im Verkehrswertgutachten angewiesen, das für das Zwangsversteigerungsverfahren erstellt wurde.

Die schlechte Informationslage des Bieters stellt insbesondere deshalb ein erhebliches Risiko dar, weil der Erwerb in der Zwangsversteigerung unter Ausschluss jeglicher Gewährleistung für Sach- und Rechtsmängel erfolgt.[81] Für den Ersteher eines Grundstückes können schließlich noch erhebliche Kosten für die Räumung des Grundstückes entstehen, wenn der alte Eigentümer oder

---

[80] Ich verweise dazu auf die folgende Seite: http://www.zvg-portal.de

[81] Siehe § 56 ZVG.

ein Mieter die Immobilie noch bewohnt und diese nicht freiwillig räumt.

All diese Unwägbarkeiten müssen bei der Entscheidung über den Kauf in der Zwangsversteigerung und bei Abgabe eines Gebotes eingepreist werden. Ob man als Ersteher wirklich ein Schnäppchen gemacht hat, wird man erst am Ende des Tages nach Inbesitznahme der Immobilie ersehen können.

a) Phasen des Versteigerungstermins

Bieter müssen sich im Versteigerungstermin durch einen gültigen Personalausweis oder Reisepass ausweisen. Soll für nicht im Versteigerungstermin anwesende Dritte geboten werden - dies gilt auch für den Ehegatten oder Lebenspartner -, muss eine öffentlich beglaubigte Bietervollmacht vorgelegt werden.

Der eigentliche Versteigerungstermin gliedert sich in 3 Teile:

Bekanntmachungen (1. Teil)

Im ersten Teil des Versteigerungstermins verliest der Rechtspfleger die Grundbucheintragungen und bezeichnet die betreibenden Gläubiger. Dann wird das **Geringste Gebot** ermittelt und bekannt gegeben. Es umfasst die wegen vorrangiger Grundbucheintragungen bestehen bleibenden Rechte.[82] Diese bestehen bleibenden Rechte sind für Bieter von besonderer Bedeutung und sollten möglichst im Vorfeld bereits in Erfahrung gebracht und in die Überle-

---

[82] Ich verweise dazu auf § 44 ff. ZVG.

gungen einbezogen werden.[83] Denn die Kosten der Ablösung dieser Rechte müssen zu dem gebotenen Kaufpreis hinzuaddiert werden, um den tatsächlichen Kaufpreis am Ende des Tages zu ermitteln. Wer hier einen Fehler macht, kann sich wirtschaftlich ruinieren.

Versteigerungszeit (2. Teil)

Die eigentliche Versteigerung, d.h. die Zeitspanne in der Gebote abgegeben werden können, schließt sich an den Bekanntmachungsteil an. Das Gesetz schreibt eine Mindestdauer der Versteigerung von 30 Minuten vor. Eine Höchstdauer gibt es hingegen nicht. Die Versteigerung dauert so lange an, bis der Rechtspfleger das Ende der Versteigerung verkündet, was in der Regel dann erfolgt, wenn nach dreimaligem Aufruf des letzten Gebots durch den Rechtspfleger keine weiteren Gebote abgegeben werden oder wenn nach 30 Minuten kein Gebot abgegeben worden ist. Das höchste im Termin abgegebene Gebot heißt **Meistgebot.**

Der Bieter nennt im Termin ein bestimmtes Gebot, also den Geldbetrag, den er als so genanntes **Bargebot** zu zahlen bereit ist. Jeder Bieter muss zu diesem Bargebot jedoch noch die bestehen bleibenden Rechte hinzurechnen, um den eigentlichen Preis zu ermitteln, den er für das Grundstück bietet.

Auf Verlangen eines Beteiligten muss der Bieter unmittelbar nach Abgabe des Gebots unter bestimmten Voraussetzungen eine Sicherheitsleistung erbringen in Höhe

---

[83] Ich verweise dazu auf § 52 ZVG.

von 10% des festgesetzten Verkehrswertes der Immobilie. Diese Sicherheit kann durch einen von der Bundesbank bestätigten Scheck, einen Verrechnungsscheck, der von einem dazu zugelassenen Darlehensinstitut ausgestellt ist, durch die Bürgschaftserklärung eines solchen Darlehens- institutes oder durch vorherige Überweisung an die Ge- richtskasse geleistet werden.

Seit dem 16.02.2007 ist es **nicht** mehr möglich, Sicher- heit durch Übergabe von Bargeld im Termin zu leisten. Wenn der Bieter die Sicherheit nicht mit einem qualifi- zierten Scheck im Termin leisten kann, muss er dies vor- her durch Überweisung an die Justizkasse des Vollstre- ckungsgerichtes tun und darüber Belege zum Termin mit- bringen. Wird dem jeweiligen Bieter der Zuschlag nicht erteilt, so erhält er die Sicherheit nach dem Versteige- rungstermin vom Gericht zurück.

Entscheidung über den Zuschlag (3. Teil)

Im Anschluss an die Versteigerungszeit befragt der Rechtspfleger als Vertreter des Vollstreckungsgerichtes die im Termin anwesenden Beteiligten, ob Anträge gestellt werden. Der Schuldner könnte auch zu diesem Zeitpunkt noch einen Vollstreckungsschutzantrag nach § 765a ZPO stellen, wird dies jedoch in der Regel im Vorfeld getan ha- ben und im Termin gar nicht anwesend sein. Ist im Ver- steigerungstermin kein wirksames Gebot abgegeben wor- den, stellt das Gericht das Verfahren von Amts wegen ein. Die betreibenden Gläubiger haben dann die Möglichkeit, die Fortsetzung des Verfahrens zu beantragen.

Sind wirksame Gebote abgegeben worden, dann ent- scheidet das Vollstreckungsgericht über die Erteilung des

Zuschlages. Dabei muss das Gericht sowohl Gläubiger- als auch Schuldnerinteressen berücksichtigen. Liegt das beste im Termin abgegebene Gebot unterhalb von 7/10 des Verkehrswertes, muss der Zuschlag auf Antrag des Schuldners oder eines betreibenden Gläubigers, dessen Anspruch innerhalb dieser 7/10-Grenze liegt, versagt werden.[84] Liegt das Meistgebot unterhalb von 5/10 des Verkehrswertes, so ist der Zuschlag von Amts wegen zu versagen.[85] In beiden Fällen ist ein neuer Versteigerungstermin zu bestimmen, in dem diese Grenzen dann nicht mehr gelten. Wenn im Versteigerungstermin kein Gebot abgegeben wurde, bleiben diese Wertgrenzen auch im Folgetermin bestehen.

Der Meistbietende, dem schließlich durch Entscheidung des Vollstreckungsgerichtes der Zuschlag erteilt worden ist, heißt **Ersteher.** Wird der Zuschlag erteilt, ist der Ersteher ab Verkündung der Zuschlagserteilung Eigentümer des Grundstücks.[86] Das ist eine Ausnahme von dem Grundsatz, dass ein Eigentümerwechsel erst mit einer Eintragung des neuen Eigentümers im Grundbuch eintritt. Nach Verkündung des Zuschlages sind von dem Ersteher die Gerichtskosten für die Erteilung des Zu-

---

[84] Ich verweise dazu auf § 74a Absatz 1 ZVG.

[85] Ich verweise dazu auf § 85a Absatz 1 ZVG.

[86] Ich verweise dazu auf § 90 ZVG.

schlags sowie die Grunderwerbsteuern und Grundbuch-
gebühren zu zahlen.[87]

b) Inhalt & Bedeutung des Zuschlagsbeschlusses

Der Zuschlagsbeschluss ist für den Ersteher ein Voll-
streckungstitel zur Durchsetzung seines Rechtes auf die
Besitzergreifung. Wenn der Vollstreckungsschuldner noch
in der Immobilie wohnt, muss er vom Ersteher nicht ge-
sondert auf Räumung verklagt werden. Der Ersteher kann
die Vollstreckung der Räumung sofort mit dem Zuschlagsbeschluss betreiben.

Mietverträge über die Immobilie gehen gemäß §§ 57,
57a ZVG in Verbindung mit § 566 BGB auf den Ersteher
über, können jedoch in aller Regel aufgrund eines Sonderkündigungsrechtes gemäß § 57a ZVG gekündigt werden.[88]

---

[87] Die Höhe dieser Kosten können Sie einem Informationsblatt
entnehmen, das auf der Internetseite der Justiz in Nordrhein-
Westfalen unter folgendem Link bereitgehalten wird:
https://goo.gl/EhNLHZ

[88] Aber bitte beachten Sie, dass die Kündigung allein zu dem
Zweck der Mieterhöhung unzulässig ist. Das Gesetz bezweckt
vielmehr eine Abwehrmöglichkeit gegen missbräuchliche
Gestaltungen des Vollstreckungsschuldners, die Verwertung
unattraktiv zu machen durch boshaft ungünstige
Vereinbarungen mit den Mietern, die dem Erwerber sonst „auf
die Füße fallen" würden.

5. DAS TIMING FÜR DEN ABSCHLUSS DER VERTRÄGE

Sie haben sich vielleicht schon gefragt, wann denn endlich ein Darlehensvertrag geschlossen wird, um den Erwerb der Immobilie unter Dach und Fach bringen zu können. Denn es wäre ja misslich, wenn man einen Kaufvertrag unterschreibt und noch keine Zusage von der Bank für eine Darlehensfinanzierung hat.

Hinsichtlich des zeitlichen Ablaufes sollten Sie darauf achten, dass Sie den Darlehensvertrag **nicht** unterschreiben, bevor Sie den notariellen Immobilienkaufvertrag unterschrieben haben. Wenn Sie diese Reihenfolge nicht einhalten, laufen Sie Gefahr, beim Scheitern des Kaufvertrages über die Immobilie zusätzlichen Schaden zu erleiden in Form einer Nichtabnahmeentschädigung für das Darlehen. Es kommt in der Praxis häufiger vor als man meinen sollte, dass ein Verkäufer vor einem Notartermin einen Sinneswandel erfährt und den Vertrag nicht unterschreibt. Da der Vertrag jedoch zwingend der notariellen Beurkundung bedarf und ohne diese Form unwirksam ist, ist der Kauf in diesem Fall ohne Einflussmöglichkeiten des Käufers gescheitert.

Andererseits sollten Sie bei Unterzeichnung des notariellen Kaufvertrages über die Immobilie den Darlehensvertrag mit der Bank endverhandelt haben, so dass Sie bei der Beschaffung des Darlehens und beim Vollzug des Kaufvertrages nicht unter Zeitdruck geraten. Schließlich würden Sie Gefahr laufen, sich aus dem geschlossenen Kaufvertrag schadensersatzpflichtig zu machen, wenn die

Finanzierung scheitert. Sie werden daher bei der praktischen Abwicklung der Transaktion den Kaufvertrag über die Immobilie und den Darlehensvertrag mit der Bank für die Finanzierung parallel verhandeln müssen. Im Idealfall liegt Ihnen ein verbindliches Angebot der Bank unterschriftsreif vor, wenn Sie beim Notar den Kaufvertrag unterschreiben, so dass Sie umgehend nach dem Notartermin die Finanzierung „scharf" schalten können durch Unterzeichnung des Darlehensvertrages.

Diese Reihenfolge der Unterzeichnung der Verträge ist in der praktischen Abwicklung auch kein Problem, weil die Finanzierung ohnehin nicht **vor** der Bestellung der Grundschuld für die Bank abrufbar ist. Die Grundschuldbestellung ist jedoch erst möglich, wenn der notarielle Kaufvertrag geschlossen ist, in dem eine Vollmacht für den Käufer enthalten ist, das Grundstück bereits vor Erwerb des Eigentums mit einem Grundpfandrecht zu belasten. Das heißt, dass ein Abruf des Darlehens ohne wirksamen Kaufvertrag über die Immobilie ohnehin nicht möglich ist.

VII. GRUNDLAGEN DES IMMOBILIENRECHTES

Beim Erwerb einer Immobilie kommen Sie leider nicht um rechtliche Fragen herum, die in ihrer Komplexität zunächst bedrohlich wirken können. Bei genauerer Betrachtung sind die Fragestellungen jedoch durchaus zu bewältigen. Ich möchte Ihnen in den folgenden Ausführungen die Grundzüge der praxisrelevanten Regelungen vorstellen. So erlangen Sie zumindest ein überschlägiges Verständnis und erkennen, worauf Sie achten müssen.

In Deutschland ist das Immobilienrecht in zwei große Bereiche aufgeteilt:

Der erste Bereich ist das **Öffentliche Baurecht.** Er regelt, welche Bauvorhaben grundsätzlich auf bestimmten Grundstücken realisiert werden dürfen (**öffentliches Bauplanungsrecht**) und welche sicherheitsrelevanten Anforderungen (z.B. Brandschutz) einzuhalten sind und schließlich das Verfahrensrecht (**öffentliches Bauordnungsrecht**). Dazu gehören als wichtige Rechtsquellen das Baugesetzbuch (BauGB), die Baunutzungsverordnung (BauNVO) und die jeweilige Landesbauordnung des Bundeslandes. Die Einzelheiten finden Sie weiter unten im Abschnitt 1. dargestellt.

Der zweite Bereich ist das **Zivilrecht**. Es regelt z.B. das Recht für Kaufverträge über Immobilien und Bauverträge mit Bauunternehmen. Dazu gehören als wichtige Rechtsquellen das Bürgerliche Gesetzbuch (BGB), die Grundbuchordnung (GBO) und das Wohnungseigentumsgesetz

(WEG). Die Einzelheiten finden Sie weiter unten im Abschnitt 2. dargestellt.

1. ÖFFENTLICHES BAUPLANUNGSRECHT UND BAUORDNUNGSRECHT

Bei der Bebauung eines Grundstückes ist der Eigentümer nicht völlig frei. Er muss sich bei der Planung und Gestaltung an einen vorgegebenen rechtlichen Rahmen halten. Dieser Rahmen ist im Bauplanungsrecht geregelt.

Das Bauplanungsrecht, das im Wesentlichen im Baugesetzbuch (BauGB) und in der Baunutzungsverordnung (BauNVO) geregelt ist, beschäftigt sich damit **wo** und **was** gebaut werden darf.

Das Bauordnungsrecht behandelt die Sicherheit und Ordnung des Baues, z. B. Statik, Brandschutz, Abstandsflächen usw. und klärt, wann und wie gebaut werden darf. Der rechtliche Rahmen des Bauordnungsrechtes ist z.B. in Nordrhein-Westfalen in der Bauordnung für das Land Nordrhein-Westfalen (BauO NRW) geregelt. Da es sich hierbei um landesrechtliche Vorschriften handelt, gibt es in jedem Bundesland eine eigene Bauordnung. In der Bauordnung wird u. a. die Zuständigkeit der Bauaufsichtsbehörden für die Erteilung von Baugenehmigungen geregelt. Als Voraussetzung für die Erteilung einer Baugenehmigung ist sowohl die Übereinstimmung des Bauvorhabens mit dem Bauplanungsrecht als auch mit dem Bauordnungsrecht erforderlich.

a) Bauplanungsrecht

Die Planungshoheit für die Bebauungspläne liegt bei der Stadt bzw. Gemeinde. Der Stadtrat oder Gemeinderat als gesetzgebendes Organ für lokale Regelungen ist zuständig für die Verabschiedung.

Die Aufstellung eines **Bebauungsplanes** beschließt der Rat der Stadt, sobald und soweit es für die städtebauliche Entwicklung und Ordnung erforderlich ist. Der Bebauungsplan kann von jedermann ohne Nachweis eines berechtigten Interesses beim Bauaufsichtsamt der Stadt eingesehen werden.

Die Darstellung der planerischen Vorgaben im Bebauungsplan ist stark standardisiert. Ein Grundverständnis der Darstellungstechnik ist erforderlich, um den Bebauungsplan richtig lesen und verstehen zu können.

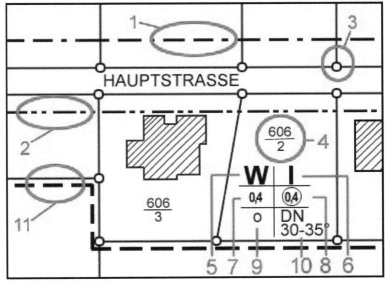

Abbildung 3: Beispiel für Festlegungen in einem Bebauungsplan

Aus diesem Grund finden Sie auf dieser Seite einen beispielhaften Auszug aus einem fiktiven Bebauungsplan. Die einzelnen Festlegungen des beispielhaften Auszuges werden im Text zu den einzelnen Nummern erklärt.

Erklärungen:

1. **Baugrenze:** Das zu erstellende Gebäude darf die Baugrenze nicht überschreiten.
2. **Baulinien:** Eine Seite des Gebäudes muss auf der Baulinie errichtet werden.
3. **Grundstücksgrenze:** Diese Linie zeigt die Aufteilung der Grundstücke, die durch Grenzsteine auf den Grundstücken markiert wird.
4. **Flurstücksnummer:** Sie ist die katasteramtliche Bezeichnung des Grundstücks.

5. **Art der baulichen Nutzung:** Hier wird festgelegt, dass in diesem Baugebiet ausschließlich Bauflächen für Wohnbebauung (W) ausgewiesen werden. Bei gewerblichen Bauflächen wäre hier die Kennzeichnung (G) zu sehen, bei Mischgebieten mit Wohn- und Gewerbeflächen hingegen wäre die Kennzeichnung (M) vermerkt.

6. **Anzahl der Vollgeschosse:** Mit der hier vermerkten römischen Zahl wird die Anzahl der zulässigen Vollgeschosse und damit letztendlich auch die Gebäudehöhe festgelegt.

7. **Grundflächenzahl (GRZ):** Diese Zahl legt das prozentuale Verhältnis zwischen Grundstücksgröße und der maximal überbaubaren Grundfläche fest. Eine Grundflächenzahl von 0,4 bedeutet zum Beispiel, dass maximal 40 % der Grundstücksfläche überbaut werden dürfen.

8. **Geschoßflächenzahl (GFZ):** Diese Zahl legt das prozentuale Verhältnis zwischen Grundstücksgröße und der maximalen Quadratmeterfläche der Vollgeschosse fest. Bei einer GFZ von 0,5 darf die Fläche aller Vollgeschosse zum Beispiel maximal 50 % der Grundstücksfläche betragen.

9. **Bauweise:** Man unterscheidet zwischen offener Bauweise (o) und geschlossener Bauweise (g). Bei offener Bauweise dürfen Einfamilienhäuser freistehend errichtet werden. Doppelhäuser oder Häuserreihen dürfen eine Gesamtlänge von 50 m nicht überschreiten. Bei geschlossener Bauweise müssen sich die seitlichen Außenwände von nebeneinander stehenden Häusern auf der Grundstücksgrenze berühren.

10. **Dachneigung:** Die vorgeschriebene Dachneigung kann aus der Planzeichnung oder den textlichen Festsetzungen ersehen werden. Hier ist eine Dachneigung zwischen 30 und 35 Grad vorgeschrieben.

11. **Grenze des Bebauungsplans:** Bis zu diesen Linien beziehungsweise innerhalb dieser Linie gelten die Vorschriften des jeweiligen Bebauungsplans.

Wenn Sie sich einmal die Mühe gemacht haben, die standardisierte Darstellungstechnik von Bebauungsplänen nachzuvollziehen, dann werden Sie mühelos in der Lage sein, diese richtig zu lesen und zu verstehen. Eine umfassende Legende aller Darstellungszeichen für Bebauungspläne finden Sie in der Planzeichenverordnung.[89] Der Bebauungsplan ist eine sehr interessante Informationsquelle, aus der Sie sowohl Erkenntnisse über die Bebaubarkeit des konkreten Grundstückes ableiten können als auch Informationen über das Umfeld der Immobilie und den Charakter des Stadtviertels.

Eine besondere Bedeutung bei den Festlegungen eines Bebauungsplanes kommt der Grundflächenzahl (Nr. 7 im obigen Beispiel), der Geschossflächenzahl (Nr. 8 im obigen Beispiel) und der maximal zulässigen Vollgeschosse (Nr. 6 im obigen Beispiel) zu. Am besten lässt sich das an einem Beispiel erläutern:

Beispiel:

Sie interessieren sich für ein 500 m^2 großes Grundstück, auf dem Sie ein Einfamilienhaus errichten möchten. Nehmen wir nun an, dass der Bebauungsplan für dieses Grundstück folgende Festlegungen trifft:

- Grundflächenzahl: 0,4
- Geschossflächenzahl: 0,8

---

[89] Die Planzeichenverordnung können Sie kostenlos im Internet unter dem folgenden Link herunterladen: https://goo.gl/loEf4z

- Maximal zulässige Vollgeschosse: III

Diese Festlegungen bedeuten Folgendes: Der Grundriss des Gebäudes darf nicht größer als 200 m² sein darf (= 500 m² x 0,4). Mit der Grundfläche ist die gesamte überbaute Fläche gemeint. Sie umfasst damit auch die Außenmauern.

Die Geschossflächenzahl von 0,8 wiederum bedeutet, dass die Summe der Geschossflächen insgesamt nicht größer als 400 m² sein darf (= 500 m² x 0,8). Demnach wäre es zulässig, zwei Vollgeschosse mit einer Grundfläche von jeweils bis zu 200 m² zu errichten. Alternativ könnten auch drei Vollgeschosse mit einer Grundfläche von bis zu 133,33 m² errichtet werden. Diese Festlegungen des Bebauungsplanes stellen Obergrenzen dar und müssen nicht voll ausgeschöpft werden. Allerdings kann der Bebauungsplan Ausnahmen von dieser Grundregel festlegen was z.B. bei einer geschlossenen Bebauung in größeren Städten der Fall ist. In einem solchen Fall enthält der Bebauungsplan noch zusätzlich ein kleines „g" für geschlossene Bauweise und die römische Zahl der maximal zulässigen Vollgeschosse ist eingekreist. Bei solchen Festlegungen ist baurechtlich vorgegeben, dass die maximal zulässige Grundfläche überbaut wird und die Anzahl an Vollgeschossen ausgeschöpft werden muss. Ohne diese besonderen Festlegungen wäre eine geschlossene Bauweise bauplanungsrechtlich nicht durchzusetzen.

b) Baugenehmigung

Grundsätzlich bedürfen alle Baumaßnahmen (Errichtung, Änderung, Nutzungsänderung und Abbruch eines

Gebäudes) einer Baugenehmigung der Bauaufsichtsbehörde.

Genehmigungsfrei sind lediglich Renovierungsmaßnahmen wie etwa ein neuer Anstrich, eine Fassadendämmung oder eine neue Dacheindeckung. Ausnahmen bestehen allerdings für Gebäude unter Denkmalschutz. Dann ist auch bei Renovierungen Rücksprache mit dem Denkmalschutzamt zu nehmen.

Als interessierter Grundstückskäufer müssen Sie daher zunächst einmal herausfinden, ob das Grundstück nach den planungsrechtlichen Festlegungen und dem Stand der Erschließung baureifes Land ist und wie es bebaut werden darf. Liegt eine bestandskräftige (d.h. nicht mehr anfechtbare) Baugenehmigung vor, so kann diese Frage eindeutig aus dieser beantwortet werden. Es darf dann so gebaut werden, wie in der Baugenehmigung dargestellt. Liegt noch keine Baugenehmigung vor, dann müssen Sie anhand des Bebauungsplanes herausfinden, ob das von Ihnen geplante Gebäude genehmigungsfähig wäre. Denn eine Baugenehmigung wird grundsätzlich nur erteilt, wenn ein Bauvorhaben mit dem einschlägigen Bebauungsplan konform geht.

Existiert kein Bebauungsplan, so kann ein Bauvorhaben trotzdem zulässig sein, wenn das Grundstück innerhalb eines im Zusammenhang bebauten Ortsteils liegt und das geplante Gebäude sich nach Art und Maß der baulichen Nutzung in die Eigenart der näheren Umgebung einfügt, das Ortsbild nicht beeinträchtigt wird und die Erschließung gesichert ist. Bauvorhaben im Außenbereich, d.h. außerhalb des Geltungsbereichs eines Bebauungsplanes **und** außerhalb eines im Zusammenhang bebauten Ortsteils, sind nur unter sehr engen Voraussetzungen überhaupt genehmigungsfähig. Dabei handelt es sich im Regelfall um Bauten im Zusammenhang mit einem land- oder forstwirtschaftlichen Betrieb.

Wird ohne die erforderliche Baugenehmigung oder abweichend von der erteilten Baugenehmigung gebaut, so können die Bauaufsichtsbehörden Geldbußen verhängen. Kann aus bautechnischen oder baurechtlichen Gründen der Verstoß nicht durch eine nachträgliche Genehmigung geheilt werden, wird im Regelfall die Beseitigung der nicht genehmigten Bauteile oder der Abbruch des ganzen Gebäudes angeordnet.

Alle Entwürfe, Berechnungen und Angaben in einem Bauantrag müssen von einem bauvorlageberechtigten Entwurfsverfasser (in der Regel einem Architekten) durch Unterschrift anerkannt sein. Dieser trägt die Verantwortung für die Brauchbarkeit und Vollständigkeit der planerischen Unterlagen gegenüber dem Bauaufsichtsamt.

Die Baugenehmigung erlischt, wenn nicht innerhalb von drei Jahren nach Zustellung mit der Ausführung des Bauvorhabens begonnen wird oder wenn die Bauausführung länger als ein Jahr unterbrochen wird. Auf schriftlichen Antrag kann die Frist jedoch jeweils um bis zu ein Jahr verlängert werden.

2. ZIVILRECHTLICHES GRUNDSTÜCKSRECHT UND GRUNDBUCH

Neben den Vorgaben des öffentlichen Baurechtes gibt es noch die zivilrechtlichen Regelungen zum Immobilien- und Grundstücksrecht.

Diese Regelungen sind nicht in einem einzigen Gesetz enthalten, sondern über mehrere Gesetze verteilt. Die meisten und wichtigsten Bestimmungen sind im Bürgerlichen Gesetzbuch (BGB) niedergelegt. Darüber hinaus finden sich Regelungen im Wohnungseigentumsgesetz (WEG) und in der Grundbuchordnung (GBO) sowie in der Makler- und Bauträgerverordnung (MaBV).

a) Aufbau und Funktion des Grundbuches

In Deutschland ist die gesamte Erdoberfläche vermessen und in öffentlichen Karten und Registern verzeichnet. Die kleinste Einheit ist dabei das Flurstück. Jedem Flurstück wird eine Nummer und eine genaue Bezeichnung zugeteilt, die aus dem Liegenschaftskataster hervorgeht. Aus der Liegenschaftskarte geht die genaue geographische Lage der einzelnen Flurstücke hervor.

aa) Grundstücksbegriff

Die Flurstücke sind in aller Regel mit den im Grundbuch verzeichneten Grundstücken identisch. Möglich ist aber auch, dass im Grundbuch mehrere Flurstücke zu einem Grundstück zusammengefasst sind.

Das Grundbuch ist ein öffentliches Register, in dem alle Grundstücke und die Rechtsverhältnisse der Grundstücke festgehalten und dokumentiert sind. Das Grundbuch enthält Angaben zu den Flurstücken, aus denen ein Grundstück besteht sowie Angaben zu den Eigentümern, Belastungen, Erbbaurechten und dergleichen mehr. Die Grundbücher werden bei den jeweils zuständigen Grundbuchämtern geführt, die Abteilungen der Amtsgerichte sind.

bb) Struktur und Inhalt des Grundbuches

Das Grundbuch besteht aus Grundbuchblättern, die auch über mehrere Seiten gehen können und nicht identisch sind mit den Seiten eines Buches. Jedes Grundbuchblatt trägt eine Nummer und ist so eindeutig identifizierbar. Auf einem Grundbuchblatt können auch mehrere Grundstücke erfasst werden. Diese werden dann durchnummeriert im Bestandsverzeichnis.

Ein Grundbuchblatt ist neben dem Deckblatt stets in 4 verschiedene Teile gegliedert, die in den folgenden Ausführungen vorgestellt und besprochen werden:

Amtsgericht Musterstadt

Grundbuch von Musterstadt **Blatt** 374 **Bestandsverzeichnis**

Laufende Nummer der Grundstücke	Bisherige laufende Nummer der Grundstücke	Bezeichnung der Grundstücke und der mit dem Eigentum verbundenen Rechte				Größe		
		Gemarkung (Vermessungsbezirk)	Karte		Liegenschaftsbuch	Wirtschaftsart und Lage		
			Flur	Flurstück				
		a	b		c/d	e	ha	a	qm
1	2	3					4		
1	1	Nordstadt	3	543 544	40	Hof- und Gebäudefläche, Musterstr. 100		5	50

Bestandsverzeichnis

Das Bestandsverzeichnis enthält Informationen über die Zusammensetzung und Lage des Grundstückes wie Gemarkung, Flur und Flurstücke sowie die Art des

Grundstückes (bebaut oder unbebaut) sowie schließlich die postalische Adresse. Das nachfolgende Beispiel eines Bestandsverzeichnisses eines Grundbuchblattes möge das illustrieren. Diesem Beispiel eines Bestandsverzeichnisses kann entnommen werden, dass es sich um ein Grundstück handelt, welches aus zwei Flurstücken besteht, und zwar aus den Flurstücken 543 und 544 (siehe grau hinterlegte Felder). Das Grundstück ist insgesamt 550 m² groß und mit einem Gebäude bebaut, was aus den Eintragungen in den letzten drei Spalten geschlossen werden kann. Darüber hinaus kann man ersehen, dass das Grundstück an der Musterstr. 100 in Musterstadt gelegen ist. Wer Eigentümer des Grundstückes ist, kann man aus dem Bestandsverzeichnis **nich**t ersehen. Diese Information erschließt sich erst aus den nachfolgenden Seiten des Grundbuchblattes.

Eintragsbogen Abt.

Amtsgericht	Musterstadt			
		Grundbuch von Musterstadt Blatt 374		I
Laufende Nummer der Eintragungen	Eigentümer	Laufende Nummer der betroffenen Grundstücke im Bestandsverzeichnis	Grundlage der Eintragung	
1	2	3	4	
1	Eheleute Heinz Muster, geb. am 18. Juni 1943 und Lisa Muster, geb. Meier, geb. am 13. Juli 1945, beide wohnhaft in Musterstadt - zu je ½ Anteil	1	Auf Grund des Erbscheins vom 5. Juli 1956 (Az xy AG Musterstadt) eingetragen am 19. Oktober 1956 [Unterschrift Grundbuchbeamter]	
2	Eheleute Klaus Musterkäufer, geb. am 15. April 1962 und Karla Musterkäufer, geb. Müller, geb. am 23. April 1961, beide wohnhaft in Musterstadt – zu je ½ Anteil	1	Aufgelassen am 4. September 1986 und eingetragen am 27. September 1986 [Unterschrift Grundbuchbeamter]	
3	Kevin Musterkäufer, geb. am 27. Mai 1988	1	Auf Grund des Erbscheins vom 9. Juli 2008 (Az xy AG Musterstadt) eingetragen am 19. Juli 2008 [Unterschrift Grundbuchbeamter]	

Abteilung I – vormalige und gegenwärtige Eigentümer

Wer gegenwärtig Eigentümer des Grundstückes ist und wer zuvor Eigentümer war, kann man aus der Abteilung I des Grundbuchblattes entnehmen. Ich möchte Ihnen das das anhand des nachfolgenden Grundbuchblattbeispiels erläutern:

In der ersten Spalte der Abteilung I des Grundbuchblattes ist die laufende Nummer der Eintragungen vermerkt. Hier gibt es insgesamt 3 fortlaufende Eintragungen, die mit den Nummern 1 bis 3 durchnummeriert sind.

Aus der zweiten Spalte kann entnommen werden, wer zuvor Eigentümer des Grundstückes gewesen ist und wer derzeit Eigentümer ist. Dabei sind gelöschte und veraltete Eintragungen unterstrichen oder durchgestrichen. Die letzte (nicht durchgestrichene und nicht unterstrichene) Eintragung der zweiten Spalte weist den aktuellen Eigentümer aus (im obigen Beispiel Herr Kevin Musterkäufer).

Aus dem oben eingefügten Beispielauszug kann darüber hinaus abgelesen werden, dass zunächst die Eheleute Heinz und Lisa Muster zu je ½ Eigentümer des Grundstückes gewesen sind. Danach sind die Eheleute Klaus und Karla Musterkäufer Eigentümer gewesen. Schließlich ist Kevin Musterkäufer Eigentümer geworden, der es auch heute (Zeitpunkt der Erstellung des Grundbuchauszuges) noch ist.

Aus der dritten Spalte kann schließlich abgelesen werden, auf welches Grundstück des Bestandsverzeichnisses sich die Eintragung in der zweiten Spalte bezieht. Wenn nur ein Grundstück im Bestandsverzeichnis verzeichnet ist, wird hier durchgängig nur die Nummer 1 auftauchen, was im Beispielauszug der Fall ist.

In der letzten Spalte ist schließlich verzeichnet, was der Grund für den Eigentümerwechsel war. Hier kann im Beispielauszug abgelesen werden, dass die Eheleute Heinz und Lisa Muster das Grundstück zunächst im Jahre 1956 durch Erbschaft erworben haben. Im Jahre 1986 haben die Eheleute Klaus und Karla Musterkäufer das Grundstück von Heinz und Lisa Muster gekauft. Danach hat es schließlich der Sohn der Eheleute Musterkäufer von seinen Eltern im Jahre 2008 geerbt.

Amtsgericht	Musterstadt	Grundbuch von Musterstadt Blatt 374		II
Laufende Nummer der Eintragungen	Laufende Nummer der betroffenen Grundstücke im Bestandsverzeichnis	Lasten und Beschränkungen		
1	2	3		
1	1	Ein Recht auf das Legen und die Unterhaltung von Hochspannungsleitungen sowie ein Betretungsrecht für die Elektrizitätswerke Musterstadt. Unter Bezugnahme auf die Bewilligung vom 19. Februar 1956 eingetragen am 09. März 1956. [Unterschrift Grundbuchbeamter]		
2	1	Eigentumsvormerkung für a) Herrn Klaus Musterkäufer, geb. am 15. April 1962 zu ½ Anteil und b) Frau Karla Musterkäufer, geb. Müller, geb. am 23. April 1961, zu ½ Anteil Unter Bezugnahme auf die Bewilligung vom 4. Oktober 1986 eingetragen am 9. Oktober 1986. [Unterschrift Grundbuchbeamter]		

Abteilung II – Lasten und Beschränkungen

In der Abteilung II des Grundbuchblattes werden dingliche Lasten und Beschränkungen des Grundstückes eingetragen. Dazu gehören z.B. dingliche Wohnrechte, Eigentumsvormerkungen, Dienstbarkeiten (Wegerecht etc.), Reallasten (Grundrenten) und schließlich Zwangsverwaltungs- oder Zwangsversteigerungsvermerke. Zur Verdeutlichung diene das folgende Beispiel:

Hier ist in der Abteilung II des Mustergrundbuchauszuges unter der laufenden Nummer 1 eine Dienstbarkeit eines Energieversorgers eingetragen, die diesen berechtigt, eine Hochspannungsleitung über das Grundstück zu verlegen und zu unterhalten.

Unter der laufenden Nummer 2 ist eine **Eigentums-vormerkung** für die Eheleute Musterkäufer eingetragen worden, die aber wieder gelöscht worden ist, was an der Unterstreichung der Eintragung zu erkennen ist. Belastungen in Form von Eigentumsvormerkungen sind von großer praktischer Bedeutung für die Grundstücksübertragung. Eine Eigentumsvormerkung für den Käufer eines Grundstückes sichert schon in einem sehr frühen Stadium des Erwerbsvorganges seinen Anspruch aus dem Kaufvertrag auf Eintragung als neuer Eigentümer des Grundstückes und verhindert den Eigentumserwerb eines Dritten, an den ein etwaiger Zwischenverkauf erfolgt.

Grundpfandrechte (Grundschulden oder Hypotheken) wird man in der Abteilung II jedoch vergeblich suchen. Obwohl die Grundpfandrechte dingliche Belastungen von Grundstücken darstellen, sind sie nicht in der Abteilung II des Grundbuchblattes eingetragen sondern in einer eigenen Abteilung III. Wegen der großen praktischen Bedeutung der Grundpfandrechte für den Grundstücksverkehr und für die Erlangung von Immobiliendarlehen hat der Gesetzgeber den Grundpfandrechten eine eigene Abteilung im Grundbuchblatt gewidmet.

Aber bedenken Sie, dass die oben angesprochenen **Baulasten** hier **nicht** vermerkt sind. Systematisch würden sie in die Abteilung II des Grundbuchblattes hineingehören, da sie wie dingliche Lasten wirken und mit dem Grundstück fest verknüpft sind, d.h. auch ohne besondere Erwähnung und selbst bei abweichenden Regelungen im Kaufvertrag gleichwohl auf den neuen Eigentümer des Grundstückes übergehen. Baulasten sind nur im Baulastenverzeichnis verzeichnet, so dass das Schweigen der Abteilung II des Grundbuches nicht die Schlussfolgerung zulässt, dass es keine Baulasten gibt. Es ist daher Vorsicht geboten und eine Einsichtnahme in das Baulastenverzeichnis beim Bauaufsichtsamt ist unbedingt anzuraten.

In Abteilung II des Grundbuchblattes können auch **Vorkaufsrechte** eingetragen werden, um diese dinglich abzusichern. Das Vorkaufsrecht ist in den §§ 463 ff. BGB geregelt und stellt das Recht dar, im Falle der Veräußerung des Grundstückes anstelle des Käufers in den Kaufvertrag einzutreten. Die dingliche Absicherung des Vorkaufsrecht durch Eintragung als Belastung in der Abteilung II des Grundbuchblattes bewirkt, dass die Eintragung eines Erwerbers als neuer Eigentümer gegenüber dem Vorkaufsberechtigten unwirksam ist. Der Käufer des Grundstückes kann gegenüber dem Vorkaufsberechtigten nicht einwenden, er habe keine Kenntnis von dem Vorkaufsrecht gehabt, wenn dieses im Grundbuch als Belastung in der Abteilung II eingetragen war. Insofern erlangt der Vorkaufsberechtigte durch die Eintragung eine zusätzliche Sicherheit. Vorkaufsrechte werden daher immer dann im Grundbuch eingetragen, wenn sehr großer Wert auf die Möglichkeit zum Erwerb eines Grundstückes gelegt wird.

Gemäß §§ 24 ff. BauGB haben auch die Gemeinden, in denen das Grundstück liegt, unter bestimmten Voraussetzungen ein gesetzliches Vorkaufsrecht. Daher holt der Notar bei der Gemeinde die Erklärung ein, dass die Gemeinde von dem Vorkaufsrecht keinen Gebrauch machen will. Allerdings beziehen sich die gesetzlichen Vorkaufsrechte der Gemeinden nur auf den Verkauf von vollständigen Grundstücken und nicht auf den Verkauf einer Eigentumswohnung.[90]

Auf die Darstellung der Spalten 4 – 7 wurde bei dem oben eingefügten Beispiel einer Abteilung II eines Grundbuchblattes verzichtet. Die nicht abgebildeten Spalten 4 – 7 enthalten weitere Informationen über Veränderungen und insbesondere Löschungen der Rechte.

Amtsgericht	Musterstadt			Zeitungbogen Abt.
		Grundbuch von Musterstadt Blatt 374		III
Laufende Nummer der Eintragungen	Laufende Nummer der betroffenen Grundstücke im Bestandsverzeichnis	Betrag	Hypotheken, Grundschulden, Rentenschulden	
1	2	3	4	
1	1	135.000,00 DM	Hundertfünfunddreißigtausend Deutsche Mark Grundschuld, verzinslich mit 13 % jährlich für die Musterbank in Musterstadt. Der jeweilige Eigentümer ist der sofortigen Zwangsvollstreckung unterworfen. Unter Bezugnahme auf die Bewilligung vom 17. August 1986 brieflos eingetragen am 27. August 1986. [Unterschrift Grundbuchbeamter]	
2	1	40.000,00 EURO	Vierzigtausend Euro Grundschuld, verzinslich mit 15 % Jahreszinsen und einer einmaligen Nebenleistung von 8 % des Grundschuldbetrages für die Mustersparkasse in Musterstadt. Der jeweilige Eigentümer ist der sofortigen Zwangsvollstreckung unterworfen. Brieflos - unter Bezugnahme auf die Bewilligung vom 20. Juli 2009, eingetragen am 30. Juli 2009. [Unterschrift Grundbuchbeamter]	

[90] Ich verweise dazu auf § 24 Abs. 2 BauGB.

Abteilung III – Grundpfandrechte

In der Abteilung III des Grundbuchblattes sind schließlich die Grundpfandrechte vermerkt. Hierzu zählen **Grundschulden** und **Hypotheken**, die in aller Regel zugunsten von Banken bestellt sind, die ein Darlehen zur Finanzierung des Immobilienkaufes gegeben haben.

Bei der Absicherung von Immobiliendarlehen kommen praktisch ausschließlich Grundschulden vor, weil sie gegenüber Hypotheken praktischer sind. Hypotheken sind akzessorisch, d. h. sie sind vom rechtlichen Bestand der gesicherten Forderung abhängig. Grundschulden sind hingegen abstrakt und damit unabhängig vom Bestand der Forderung.

Mögliche Eintragungen in der Abteilung III sind auch Zwangssicherungshypotheken, die auf Betreiben von Gläubigern des Grundstückseigentümers im Wege der Zwangsvollstreckung in das Grundbuch eingetragen werden können.

Zur Illustration und Verdeutlichung diene das folgende Beispiel einer Abteilung III eines Grundbuchblattes welches das obige Beispiel fortsetzt

Das hier eingefügte Beispiel einer Abteilung III eines Grundbuchblattes weist die vormaligen und die gegenwärtigen Grundpfandrechte und deren Gläubiger aus.

Den hier ausgewiesenen Eintragungen kann entnommen werden, dass zunächst im Jahre 1986 eine Grundschuld für die Musterbank in Musterstadt in Höhe von DM 135.000 bestellt wurde. Diese Eintragung korrespondiert mit dem Eigentümerwechsel im Jahre 1986, der im

Bestandsverzeichnis unter der laufenden Nummer 2 in der zweiten Spalte vermerkt ist. Die Eheleute Musterkäufer hatten offenbar zur Finanzierung des Kaufpreises ein Darlehen bei der Musterbank aufgenommen, für den zur Sicherung diese Grundschuld über DM 135.000 in die Abteilung III eingetragen wurde. Diese Grundschuld ist jedoch mittlerweile gelöscht was durch die Unterstreichung der Eintragung ersichtlich wird.

Der Hintergrund der zweiten Grundschuldbestellung über € 40.000 ist aus dem Grundbuchblatt nicht zu erschließen. Denkbar ist die Finanzierung einer durchgreifenden Renovierung der Immobilie durch die Mustersparkasse. Denkbar ist aber auch der Kauf einer anderen Immobilie durch Kevin Musterkäufer, der das in diesem Grundbuchblatt verzeichnete Hausgrundstück in 2008 geerbt hatte.

Auf die Darstellung der Spalten 5 – 7 wurde bei dem oben eingefügten Beispiel einer Abteilung III eines Grundbuchblattes verzichtet. Die nicht abgebildeten Spalten 5 – 7 enthalten weitere Informationen über Veränderungen und insbesondere Löschungen der Rechte.

Grundakten

Beim Grundbuchamt werden darüber hinaus Grundakten zu jedem Grundbuchblatt geführt, in denen die Urkunden chronologisch abgeheftet werden, die den Eintragungen und Änderungen im Grundbuch zugrunde liegen wie z.B. Auflassungen, Bewilligungen von Grundschuldeintragungen etc.

cc) Publizität und Gutglaubensschutz des Grundbuches

Obwohl das Grundbuch ein öffentliches Register ist, darf nicht jeder darin lesen wie in einem Telefonbuch. Vielmehr wird von den Grundbuchämtern bei den Amtsgerichten nur dann Einsicht in das Grundbuch gewährt wenn ein berechtigtes Interesse nachgewiesen werden kann.

Die Einsichtnahme wird dadurch ersetzt, dass das Grundbuchamt dem Interessenten kostenpflichtig eine Kopie des einschlägigen Grundbuchblattes fertigt und zuschickt. Dabei wird zwischen beglaubigten und unbeglaubigten Grundbuchauszügen unterschieden. Die beglaubigten Grundbuchauszüge sind etwas teurer, bieten jedoch dafür Gewähr für die Richtigkeit der gefertigten Kopie.

Ein berechtigtes Interesse zur Einsichtnahme in das Grundbuch liegt nach der Rechtsprechung in folgenden Fällen vor:

- Der Eigentümer oder der Grundpfandrechtsgläubiger (in der Regel eine Bank) möchte in das Grundbuchblatt schauen, in dem sein Recht eingetragen ist.
- Der Interessent steht mit dem Eigentümer in **konkreten** Kaufvertragsverhandlungen. Bloßes Kaufinteresse reicht nicht, d.h. der Interessent muss die konkreten Vertragsverhandlungen nachweisen.
- Tatsächlicher oder potentieller Gläubiger des Eigentümers, der in das Grundstück vollstrecken will.[91] Da-

---

[91] Ich verweise dazu auf OLG Zweibrücken, Beschluss vom 18.10.1988, abgedruckt in Neue Juristische Wochenschrift 1989, S. 531

zu gehören auch Bauhandwerker, die gemäß § 648 BGB eine Bauhandwerkersicherungshypothek eintragen lassen wollen.

Der Gutglaubensschutz des Grundbuches bewirkt, dass sich jedermann auf die Richtigkeit des Inhaltes verlassen kann. Dieses Ziel erreicht der Gesetzgeber dadurch, dass der Erwerber eines im Grundbuch verzeichneten Rechtes dieses auch dann wirksam vom Veräußerer erwirbt, wenn sich später herausstellt, dass der Inhalt des Grundbuches sachlich falsch war und der Verkäufer z.B. gar nicht Eigentümer des Grundstückes war. Diese Regelungen sind in § 892 BGB niedergelegt. Dieser so genannte gutgläubige Erwerb vom Nichtberechtigten funktioniert aber nur dann wenn der Erwerber keine Kenntnis von der mangelnden Berechtigung des Verkäufers hatte.

Der große Vorteil dieser Regelung ist, dass der Erwerber eines Grundstückes keine aufwendigen Recherchen und Nachforschungen anstellen muss, um sich ein Bild davon zu machen, ob der Verkäufer auch tatsächlich der Grundstückseigentümer ist. Ohne den öffentlichen Glauben des Grundbuches, der auch die mangelnde Berechtigung eines im Grundbuch eingetragenen Eigentümers gemäß § 892 BGB überwindet, müsste der Käufer aber genau das tun und viel Zeit und wohlmöglich Geld investieren, um Nachforschungen anzustellen. Zur Verdeutlichung der Funktionsweise des Gutglaubensschutzes des Grundbuches diene das folgende Beispiel:

Beispiel:

Ausgehend von dem obigen Grundbuchauszug ist Kevin Musterkäufer als Erbe seiner Eltern im Jahre 2008

Eigentümer des Grundstückes an der Musterstr. 100 geworden und als solcher gegenwärtig im Grundbuch eingetragen. Er verkauft nun im Jahre 2009 mit notariellem Kaufvertrag das Grundstück an Sabine Schön, die im Jahre 2009 im Grundbuch als neue Eigentümerin eingetragen wird.

Im Jahre 2010 taucht ein Testament der Eltern des Kevin Musterkäufer auf, in dem sie ihren Sohn Kevin enterbt und stattdessen die Freundin der Eltern Frau Gerda Gefällig als Alleinerbin eingesetzt hatten. Der Erbschein, der Kevin Musterkäufer in 2008 als Alleinerben ausgewiesen hatte, wird vom Amtsgericht eingezogen und Frau Gerda Gefällig wird stattdessen ein Erbschein erteilt, der sie als Alleinerbin ausweist.

Damit steht rechtlich fest, dass Kevin Musterkäufer tatsächlich niemals Eigentümer des Grundstückes gewesen ist, weil er nicht Erbe war. Folglich war der Inhalt des Grundbuches falsch, der ihn als Eigentümer ausgewiesen hat.

Gleichwohl hat jedoch Sabine Schön durch die Auflassung und die Eintragung als neue Eigentümerin wirksam die Immobilie erworben. Sie wird insoweit durch den Inhalt der Grundbucheintragungen geschützt, die Kevin Musterkäufer im Jahre 2009 noch als Eigentümer ausgewiesen haben. Wegen der Regelung des § 892 BGB konnte sie wirksam das Grundstückseigentum von Kevin Musterkäufer erwerben, weil sie keine Kenntnis von der inhaltlichen Unrichtigkeit des Grundbuches hatte.

dd) Rechte an Grundstücken, Gebäuden und weiteren Bestandteilen

Im vorhergehenden Abschnitt wurde der Grundstücksbegriff und der Aufbau und Inhalt des Grundbuches erklärt. Der Zusammenhang zwischen Rechten an Grundstücken und den darauf erbauten Gebäuden und Gebäudeteilen wurden hingegen noch nicht erklärt.

Dieser Zusammenhang ist im Gesetz dergestalt geregelt, dass der Eigentümer des Grundstückes automatisch auch der Eigentümer der mit dem Grundstück fest verbundenen Gebäude und Gebäudeteile ist.[92] Das heißt, dass das Eigentum am Gebäude und das Eigentum am Grundstück nicht voneinander getrennt werden können.[93] Beide sind rechtlich untrennbar miteinander verbunden und beide können nur zusammen übertragen werden indem das Eigentum am Grundstück übertragen wird und das Eigentum am Gebäude automatisch folgt.

Die feste Verbindung eines Gebäudes oder Gebäudeteiles mit dem Grundstück liegt in aller Regel vor. Insbesondere bei unterkellerten Gebäuden besteht kein Zweifel an der festen Verbindung. Aber auch für eine Fertiggarage, die lediglich durch die Schwerkraft auf dem Grundstück ruht, wurde von der Rechtsprechung eine hinreichend feste Verbindung mit dem Grundstück angenommen.

---

[92] Ich verweise dazu auf §§ 92 und 94 BGB.

[93] Die einzige Ausnahme hiervon stellt das Erbbaurecht dar, welches weiter unten am Ende dieses Kapitels besprochen wird.

Darüber hinaus werden die fest in ein Gebäude eingefügten Sachen ebenfalls zu **wesentlichen Bestandteilen**
des Gebäudes und fallen damit wiederum automatisch
kraft Gesetzes unter das Eigentumsrecht des Grundstückseigentümers, sobald diese in das Gebäude eingefügt worden sind. Das gilt z.B. für elektrische Leitungen und Fenster und Türen.

Bei Gebäudeteilen gibt es mitunter Abgrenzungs-
schwierigkeiten wenn nicht eindeutig zu beantworten ist,
ob ein Teil in ein Gebäude fest eingefügt worden ist oder
nicht. Nach der maßgeblichen Auslegung des Bundesgerichtshofes sind all diejenigen Gebäudeteile zur Herstellung in das Gebäude fest eingefügt, ohne die das Gebäude
nach der Verkehrsanschauung noch nicht als fertiggestellt
anzusehen ist.[94]

Demnach sind z.B. wesentliche Bestandteile von Gebäuden:

- Aufzug
- Fenster und Türen nach Einbau
- Eingebaute Rohrleitungen und elektrische Leitungen
- Einbauküche, wenn Spezialanfertigung oder beson-
  ders eingepasst (aber regionale Unterschiede in Nord-
  deutschland einerseits und West- und Süddeutsch-
  land andererseits)
- Zentralheizungsanlage
- Schwimmbecken
- im Erdreich eingelassener Sichtschutzzaun
- Warmwasserbereiter

---

[94] Bundesgerichtshof, Urteil v. 27.9.1978, abgedruckt in Neue
Juristische Wochenschrift 1979, S. 712

Praktische Folge dieser Regelung ist, dass der Erwerber des Grundstückes diese Gegenstände automatisch mit erwirbt, egal ob darüber eine Regelung im Kaufvertrag enthalten ist oder nicht.

Hiervon zu unterscheiden sind die **Scheinbestandteile**, die nur vorübergehend in das Gebäude eingefügt sind. Dazu gehört etwa die vom Mieter eingebrachte Ladeneinrichtung ohne Vereinbarung, dass diese nach Ablauf der Mietzeit vom Eigentümer übernommen wird. Die Scheinbestandteile fallen nicht automatisch unter das Eigentum des Grundstückes, sondern können separat veräußert werden. Über diese Gegenstände sollte daher im Kaufvertrag unbedingt eine Vereinbarung getroffen werden wenn das Grundstück verkauft wird.

b) Mehrheit von Eigentümern

Da Grundstücke und Gebäude beträchtliche Vermögenswerte darstellen, kommt es häufig vor, dass mehrere Personen zusammen Eigentümer sind. Hierbei sind verschiedene Formen des Gemeinschaftseigentums möglich. Eine recht häufige Form ist das Gemeinschaftseigentum nach Bruchteilen. Das kommt dadurch zum Ausdruck, dass in der Abteilung I des Grundbuchblattes mehrere Personen als Eigentümer eingetragen sind und jeweils vermerkt ist, welchen Bruchteil die jeweilige Person hält (z.B. ½).

In dem Beispielgrundbuchauszug waren die Eheleute jeweils zu ½ Eigentümer des Grundstücks:

Erwerbsbogen   Abt.

Amtsgericht Musterstadt

Grundbuch von Musterstadt **Blatt** 374

I

Laufende Nummer der Eintragungen	Eigentümer	Laufende Nummer der betroffenen Grundstücke im Bestandsverzeichnis	Grundlage der Eintragung
1	2	3	4
1	Eheleute Heinz Muster, geb. am 18. Juni 1943 und Lisa Muster, geb. Meier, geb. am 13. Juli 1945, beide wohnhaft in Musterstadt - zu je ½ Anteil	1	Auf Grund des Erbscheins vom 5. Juli 1956 (Az xy AG Musterstadt) eingetragen am 19. Oktober 1956 [Unterschrift Grundbuchbeamter]
2	Eheleute Klaus Musterkäufer, geb. am 15. April 1962 und Karla Musterkäufer, geb. Müller, geb. am 23. April 1961, beide wohnhaft in Musterstadt – zu je ½ Anteil	1	Aufgelassen am 4. September 1986 und eingetragen am 27. September 1986 [Unterschrift Grundbuchbeamter]
3	Kevin Musterkäufer, geb. am 27. Mai 1988	1	Auf Grund des Erbscheins vom 9. Juli 2008 (Az xy AG Musterstadt) eingetragen am 19. Juli 2008 [Unterschrift Grundbuchbeamter]

Eine solche Eigentumsgemeinschaft nach Bruchteilen bedeutet, dass jedem der Eigentümer ein ideeller Anteil am Grundstück zusteht. Es findet grundsätzlich keine Aufteilung von Nutzungsrechten auf einzelne Räume oder Gebäudeteile statt. Die Bruchteile sind verkehrsfähig, d.h. sie können einzeln veräußert oder belastet werden. Eine Zwangsvollstreckung in den Bruchteil durch Gläubiger ist ebenfalls möglich.

Jedes Mitglied der Eigentumsgemeinschaft nach Bruchteilen kann die Auflösung der Gemeinschaft verlangen. Die Auflösung kann dabei durch Verkauf der Bruchteile der Miteigentümer an ein Mitglied der Eigentumsgemeinschaft erfolgen, welches dadurch Alleineigentümer wird. Möglich sind auch der Verkauf der gesamten Bruchteile an einen Dritten und die Aufteilung des Verkaufserlöses unter den Mitgliedern der Eigentumsgemeinschaft.

Ein typischer Fall einer Auflösung ist die Ehescheidung. Wenn einer der Ehepartner die Immobilie behalten möchte, aber nicht das Geld hat, um dem anderen Ehepartner seinen hälftigen Anteil abzukaufen, dann bleibt in der Regel nur der Verkauf an einen Dritten, der durch den anderen Ehepartner sogar im Wege der **Auseinandersetzungszwangsversteigerung** erzwungen werden kann.[95]

c) Besonderheiten bei Eigentumswohnungen

Eine Besonderheit stellt das Sondereigentum nach dem Wohnungseigentumsgesetz dar. Es ermöglicht Gemeinschaftseigentum an einem Hausgrundstück zu einem bestimmten Bruchteil in Kombination mit Sondereigentum an bestimmten Räumen des Gebäudes in Form von Eigentumswohnungen.

Da die Anzahl der Miteigentümer bzw. Teileigentümer bei Wohnungseigentumsanlagen in der Regel größer ist als bei normalen Einfamilienhäusern, wird die Stückelung der Miteigentumsanteile kleiner gewählt (in der Regel ausgedrückt in Brüchen mit 1.000 oder 10.000 als Nenner). Die Details der Aufteilung in Sondereigentum und Gemeinschaftseigentum sind in der **Teilungserklärung** geregelt.

Nicht jedes Haus eignet sich für die Aufteilung in Eigentumswohnungen. Erforderlich ist dafür die Abgeschlossenheit der einzelnen Wohnungen, die von der Bauaufsichtsbehörde bescheinigt werden muss.

---

[95] Ich verweise dazu auf § 180 Zwangsversteigerungsgesetz.

Jede Eigentumswohnung wird auf einem gesonderten Grundbuchblatt geführt, das ebenfalls über 3 Abteilugen verfügt wie auch das Grundbuchblatt zu einem normalen Grundstück. Die Eigentumswohnung ist genau wie ein normales Grundstück übertragbar und mit Grundpfandrechten belastbar.

Das BGB weist rechtlich alle auf einem Grundstück errichteten Gebäude als wesentliche Bestandteile des Grundstücks dem Eigentümer bzw. den Eigentümern dieses Grundstücks nach ideellen Bruchteilen zu, so dass nach der Konzeption des Gesetzes an Gebäudeteilen eigentlich kein selbständiges Eigentum bestehen kann. Diese Regelung des BGB erwies sich jedoch als zu unflexibel, da insbesondere nach dem zweiten Weltkrieg der massive Wohnraumbedarf die Notwendigkeit nach sich zog, die finanziellen Kräfte für den Wohnungsbau zu bündeln. Dazu war es aber erforderlich, denjenigen einen realen Gegenwert zu bieten, die mangels ausreichender finanzieller Mittel kein ganzes Haus allein errichten konnten und daher Geld zusammengelegt haben, um gemeinsam ein Haus zu errichten. Das **Sondereigentum** an einer Wohnung stellt diesen realen Gegenwert für den finanziellen Beitrag zum Bau eines Hauses durch mehrere Parteien dar. Diese Konzeption hat ihre Ausprägung im Wohnungseigentumsgesetz (WEG) gefunden. Die Regelungen des WEG haben sich bis heute bewährt und ermöglichen insbesondere in Ballungszentren und hochpreisigen innerstädtischen Lagen auch heute noch durchschnittlich betuchten Menschen eine erschwingliche Form des Wohnimmobilieneigentums.

Das Wohnungseigentumsgesetz regelt insbesondere:

- die Begründung des Wohnungseigentums (§ 2 bis § 9 WEG)
- die Rechtsverhältnisse der Wohnungseigentümer untereinander (§ 10 bis § 19 WEG)
- die Verwaltung des Wohnungseigentums (§ 20 bis § 29 WEG)
- Regelungen für Rechtsstreitigkeiten im Zusammenhang mit Wohnungseigentum (§ 43 bis § 50 WEG)

Bei einem Haus, welches in Eigentumswohnungen aufgeteilt ist, wird zwischen Gemeinschaftseigentum und Sondereigentum unterschieden. Das **Gemeinschaftseigentum** gehört allen Miteigentümern nach einem ideellen Bruchteil ohne Zuweisung bestimmter Gebäudeteile an einzelne Miteigentümer. Zum Gemeinschaftseigentum gehören z.B. die Außenwände, die Fassade, das Dach und das Treppenhaus.

Zum **Sondereigentum** gehören die einzelnen Eigentumswohnungen mit Ausnahme der Außenwände und Fenster, die ebenfalls Gemeinschaftseigentum darstellen. Die Abgrenzung von Gemeinschaftseigentum und Sondereigentum spielt eine Rolle für die Unterhaltungspflichten und für die Kostentragung von Reparatur- und Sanierungsmaßnahmen. Darüber hinaus entscheidet die Abgrenzung darüber, wer die Entscheidung über die Maßnahme treffen kann.

aa) Kompetenzen in der Eigentümergemeinschaft

Soweit nur die Eigentumswohnung selbst betroffen ist, kann der Inhaber der Eigentumswohnung schalten und walten wie er will, ohne sich mit den anderen Eigentümern abstimmen zu müssen. Das betrifft z.B. die Ausstattung des Badezimmers, die Wahl der Tapeten und Bodenbeläge und dergleichen mehr.

Wenn hingegen das Gemeinschaftseigentum (Außenwände, Fassaden, Treppenhaus, Dach, Zentralheizung etc.) betroffen ist, so liegt die Zuständigkeit für Entscheidungen bei der **Eigentümergemeinschaft**. Die Eigentümergemeinschaft ist das „Parlament" der Wohnungseigentümer. Sie tagt mindestens einmal jährlich, wofür sich der Begriff **Wohnungseigentümerversammlung** eingeschliffen hat. Dort werden die wichtigsten Weichenstellungen für das Gemeinschaftseigentum in Form von Beschlüssen der Eigentümer vorgenommen.

bb) Aufgaben des Verwalters

Die Entscheidungen der Wohnungseigentümerversammlung werden von einem **Verwalter** ausgeführt, der auch die gesamte Verwaltung der Immobilie leistet. Zu seinen Aufgaben gehören u. a. die Aufteilung der Betriebskosten und die Einziehung der Kostenbeiträge der Wohnungseigentümer für Verwaltung und Instandhaltung des Gemeinschaftseigentums (= **Hausgeld**).

Der Verwalter wird von der Wohnungseigentümerversammlung mit einfachem Mehrheitsbeschluss bestellt und abberufen.[96] Es ist möglich und bei größeren Wohnungseigentumsanlagen auch üblich, einen Beirat aus 3 Mitgliedern aus dem Kreise der Wohnungseigentümer zu bestellen. Aufgaben des Beirates sind die Überwachung des

---

[96] Ich verweise dazu auf § 26 Abs. 1 WEG.

Verwalters und die Mitwirkung bei kleineren Entscheidungen, über die nicht notwendigerweise die Eigentümerversammlung beschließen muss.

cc) Gemeinschaftsordnung

Die grundlegenden Vereinbarungen über Rechte und Pflichten in der Eigentümergemeinschaft werden in der **Gemeinschaftsordnung** festgeschrieben.

Dazu gehören etwa die Art der erlaubten Nutzung der Eigentumswohnungen (rein private Nutzung oder auch gewerbliche Nutzung) und die grundsätzliche Regelung der Beitragspflichten der Mitglieder zur Unterhaltung des Gemeinschaftseigentums. Häufig sind die Gemeinschaftsordnung und die Teilungserklärung in einer Urkunde zu einem Text zusammengefasst. Die Gemeinschaftsordnung kann nur durch die gesamte Eigentümergemeinschaft geändert werden, d. h. dass sich alle Eigentümer einig sein müssen.

In der Gemeinschaftsordnung können auch Änderungen der erforderlichen Mehrheiten für Beschlüsse der Eigentümergemeinschaft enthalten sein. So ist es z.B. möglich, abweichend vom WEG für einen Beschluss von Modernisierungsmaßnahmen am Gemeinschaftseigentum die Zustimmung aller Wohnungseigentümer vorzuschreiben. Das führt im Ergebnis dazu, dass ein einziger Abweichler in der Eigentümergemeinschaft z. B. die Erneuerung der Zentralheizung oder die Durchführung einer energiesparenden Fassadendämmung blockieren könnte.

Es ist daher ratsam, die Gemeinschaftsordnung vor dem Entschluss über den Kauf einer Eigentumswohnung

gründlich zu lesen, um insoweit Klarheit darüber zu haben, welche Abweichungen von den gesetzlichen Regelungen vereinbart worden sind.

dd) Konfliktpotential in der Eigentümergemeinschaft

In Wohnungseigentumsanlagen gibt es leider immer
wieder interne Streitigkeiten unter den Eigentümern. Dabei geht es häufig um die zulässige Nutzung des Sondereigentums und um Baumaßnahmen an Balkonen, die natürlich auch Einfluss auf das Erscheinungsbild des gesamten
Gebäudes haben. Nicht selten sind auch Streitigkeiten der
Eigentümergemeinschaft mit Handwerkern über die Ausführung von Reparatur- und Sanierungsmaßnahmen am
Gemeinschaftseigentum.

Beim Kauf einer Eigentumswohnung sollten Sie sich
daher einen Überblick über die von der Eigentümergemeinschaft in der Vergangenheit gefassten Beschlüsse
und die ausgetragenen Konflikte verschaffen. Aus den
Protokollen der Eigentümerversammlungen können Sie
auch Rückschlüsse auf das Klima in der Eigentümergemeinschaft zulassen. Wenn es ernsthafte Streitigkeiten
unter den Eigentümern oder mit dem Verwalter gegeben
hat, so wird das sicherlich seinen Niederschlag im Text
der Protokolle der Eigentümerversammlungen gefunden
haben.

d) Sonderfall "Erbpachtimmobilie"

Sie können sich für ein Grundstück entscheiden, welches Sie vollständig als Eigentümer mit allen darauf stehenden Gebäuden und Gebäudeteilen ohne Einschrän-

kungen und zeitlich unbefristet erwerben. Das ist der Normalfall beim Kauf von Grundstücken und Immobilien. In diesem Normalfall sind das Eigentum an dem Grundstück und das Eigentum an dem darauf gebauten Gebäude untrennbar miteinander verbunden und eine separate Übertragung von Grundstück ohne Gebäude oder von Gebäude ohne Grundstück ist nicht möglich.

Eine Ausnahme von diesen Grundsätzen wird bei der Erbpacht gemacht. Dazu räumt der Eigentümer eines Grundstücks einem Pächter das Recht ein, dieses für den Bau der Immobilie auf Zeit zu nutzen. In diesem Sonderfall werden das Eigentum an dem Grundstück und das Eigentum an dem darauf gebauten Haus getrennt. Die Details sind im **Erbbaurechtsgesetz (ErbbauRG)** geregelt. Das Erbbaurecht stellt eine Belastung des Grundstückes dar und wird juristisch selbst wie ein Grundstück behandelt, übertragen und belastet. Da nach dem ErbbauRG erheblicher Spielraum für die inhaltliche Ausgestaltung des Erbbaurechtes besteht, muss der Kauf oder Bau einer Immobilie auf einem Erbbaugrundstück genauestens geprüft werden.

Häufig wird eine Erbpachtzeit von 99 Jahren vereinbart. Nach Ablauf der Nutzungsdauer fällt das Eigentum an der Immobilie von dem Errichter und Eigentümer des Hauses an den Grundstückseigentümer. Ob der Grundstückseigentümer nach Ablauf der Erbpachtzeit für das Gebäude eine Entschädigung an den Erbpächter zahlen muss und wie hoch diese ausfällt, hängt von der inhaltlichen Ausgestaltung des Erbbaurechtes ab. Eine Entschädigung kann auch gänzlich ausgeschlossen sein.

Verletzt der Erbpächter seine Verpflichtungen aus dem Erbpachtvertrag in erheblichem Maße, kann das zur Folge haben, dass er das Eigentum an dem Gebäude an den Eigentümer des Grundstückes verliert. Diesen Fall bezeichnet man als Heimfall.

Während der Nutzungszeit muss der Erbpächter an den Grundstückseigentümer einen jährlichen Erbpachtzins zahlen. Für den Eigentümer des Grundstückes hat die Bestellung eines Erbbaurechtes den Vorteil, dass er das Eigentum behalten und laufende Einkünfte daraus erzielen kann durch Vereinnahmung des Erbbauzinses. Für den Bauherrn oder Erwerber einer Immobilie auf einem Erbpachtgrundstück besteht der Vorteil darin, dass er beim Erwerb kein Kapital für den Kauf des Grundstückes aufwenden muss, sondern nur den jährlichen Erbpachtzins. Daher ist eine Erbpachtimmobilie insgesamt weniger wertvoll als eine „normale" Immobilie. Wie hoch der Wertabschlag ausfällt, hängt von der Restlaufzeit des Erbpachtvertrages und von der Höhe des vereinbarten Erbpachtzinses ab. Dieser Wertabschlag kann daher nur individuell im Einzelfall ermittelt werden und nicht pauschal und einheitlich für alle Fallgestaltungen.

VIII. STEUERRECHTLICHE BEHANDLUNG & STAATLICHE FÖRDERUNG

Im Folgenden möchte ich auf die steuerrechtlichen Aspekte eines Eigenheimerwerbes eingehen. Bei vordergründiger Betrachtung scheint es für Eigenheimerwerber keine steuerrechtlichen Themen zu geben. Denn schließlich erzielen sie keine Einkünfte aus Vermietung und Verpachtung und müssen auch keine Steuererklärung für die eigengenutzte Immobilie machen. Bei genauerer Betrachtung gibt es jedoch durchaus steuerrechtliche Themen, deren Kenntnis Geld sparen kann.

1. VERÄUßERUNGSGEWINNE

Bei **eigengenutzten Wohnimmobilien** ist ein realisierter Veräußerungsgewinn - unabhängig von einer Mindesthaltfrist - immer steuerfrei wenn die Immobilie zwischen der Anschaffung und der Veräußerung ausschließlich zu eigenen Wohnzwecken genutzt wurde **oder** im Jahr der Veräußerung und den beiden vorangegangen Jahren selbst bewohnt wurde.[97] Solche Gewinne entstehen dann, wenn die Immobilie zu einem deutlich höheren Preis verkauft wird als die Anschaffungskosten (Kaufpreis + Kaufnebenkosten). Bei der derzeitigen Marktlage werden beim Verkauf von Wohnimmobilien in großen und

---

[97] Das folgt aus § 23 Abs. 1, Satz 1 Nr. 1 EStG.

mittelgroßen Städten in der Regel hohe Veräußerungsgewinne realisiert.

Veräußerungsgewinne sind bei **vermieteten Wohnimmobilien** nur dann einkommensteuerfrei, wenn die Immobilie mindestens 10 Jahre im Privatvermögen gehalten wurde. Für die Definition des 10-Jahreszeitraumes ist relevanter Stichtag jeweils der Tag, an dem der notarielle Kaufvertrag geschlossen wird. Der tatsächliche Übergang des Eigentums ist **nicht** relevant für den Stichtag. Dieser erfolgt ja auch erst etwa drei Monate nach Abschluss des notariellen Kaufvertrages mit der Eintragung des Käufers im Grundbuch.

2. ABGELTUNGSSTEUER

In diesem Zusammenhang noch eine Bemerkung zum Thema „**Abgeltungssteuer**", die es seit dem 01.01.2009 gibt. Sie erfasst z.B. Veräußerungsgewinne aus Aktien mit einem pauschalen Steuersatz in Höhe von 25% zzgl. Solidaritätszuschlag und Kirchensteuer und zwar unabhängig von Haltefristen in jedem Fall. Bis zum 31.12.2008 waren Veräußerungsgewinne aus Aktien noch steuerfrei wenn diese mindestens 12 Monate gehalten worden waren.

Die gute Nachricht für Immobilieneigentümer: Die Abgeltungssteuer fällt für Veräußerungsgewinne aus Immobilien **nicht** an. Auch hier können Sie wieder sehen, dass der Gesetzgeber viel für Immobilieneigentümer tut.

Nach meiner Einschätzung ist die Abschaffung der Steuerfreiheit von Veräußerungsgewinnen für Aktien zum 01.01.2009 bei gleichzeitiger Beibehaltung der Steuerfreiheit für Immobilien zwar verfassungswidrig weil sie gegen den Gleichheitssatz des Grundgesetzes (Artikel 3 GG) verstößt, der auch für das Steuerrecht gilt. Daher sehe ich eine hohe Wahrscheinlichkeit, dass das Bundesverfassungsgericht diese ungleiche Behandlung von Veräußerungsgewinnen bei Aktien und Immobilien als verfassungswidrig einstufen wird. Das wird jedoch noch einige Zeit dauern bis ein entsprechendes Verfahren beim Bundesverfassungsgericht anhängig gemacht und entschieden wird.

Gleichwohl sehe ich am Ende des Tages keine Gefahr für die Steuerfreiheit von Veräußerungsgewinnen bei Immobilien. Denn mit an Sicherheit grenzender Wahrscheinlichkeit werden die Politiker auf eine solche Entscheidung des Bundesverfassungsgerichtes so reagieren, dass sie im Zweifel lieber Steuerprivilegien für Aktien wieder einführen als Privilegien für Immobilien abzuschaffen. Denn die Verfassungsmäßigkeit der Steuerfreiheit von Veräußerungsgewinnen bei Immobilien könnte auch so hergestellt werden, dass die Veräußerungsgewinne bei Aktien genauso privilegiert werden. Das würde auf eine Spekulationsfrist von 10 Jahren bei Veräußerungsgewinnen aus Aktien hinauslaufen. Die Alternative, die Steuerfreiheit von Veräußerungsgewinnen für Immobilien auch abzuschaffen, werden die Politiker wohl kaum wählen. Ich bin bereit, darauf eine Wette abzuschließen!

3. DENKMALSCHUTZIMMOBILIE

Eine besondere steuerliche Privilegierung genießen Denkmalschutzimmobilien. Bei diesen können auch im

Falle der Eigennutzung Steuererleichterungen in Anspruch genommen werden wie bei vermieteten Immobilien. Das ist eigentlich systemwidrig und stellt eine Gegenleistung des Staates für die denkmalschutzrechtlichen Auflagen und Einschränkungen des Eigentümers dar.

Der Eigennutzer einer Denkmalschutzimmobilie kann Aufwendungen für Instandhaltung im Kalenderjahr des Abschlusses der Baumaßnahme und in den neun folgenden Kalenderjahren jeweils bis zu 9% wie Sonderausgaben abziehen.[98]

Ausgangspunkt und übergreifender Gesichtspunkt ist die Erhaltung des Gebäudes als Baudenkmal. Nur diese im öffentlichen Interesse liegende denkmalpflegerische Aufgabe soll mit steuerrechtlichen Anreizen gefördert werden.[99] Bauliche Maßnahmen zur Anpassung eines Baudenkmals an einen zeitgemäßen Nutzungsstandard sind ebenfalls begünstigt. Dazu gehören u. a. Aufwendungen für eine zeitgemäße Haustechnik, Heizungsanlage und sanitäre Anlagen. Damit trägt der Gesetzgeber dem Gedanken Rechnung, dass das Interesse der Eigentümer an der Erhaltung der Bausubstanz bei einer sinnvoll genutzten Denkmalimmobilie natürlich größer ist als bei einer reinen Museumsimmobilie. Aufwendungen für die sinnvolle Umnutzung eines Denkmalschutzgebäudes sind je-

---

[98] Das ist in § 10f EStG geregelt.

[99] Ich verweise dazu auf eine Broschüre der Landesregierung von Nordrhein-Westfalen mit dem Titel „Steuertipps für Denkmaleigentümerinnen und Denkmaleigentümer", Stand 2009, S. 11. Dieses Dokument finden Sie zum kostenlosen Download unter dem folgenden Link: https://goo.gl/N4Hhnw

doch nur dann der erhöhten Abschreibung gemäß § 7 i EStG zugänglich, wenn die historische Bausubstanz und der Denkmalcharakter der Immobilie erhalten bleiben.

4. WOHN-RIESTER

Der Ansatz des Gesetzgebers bei Wohn-Riester beruht auf einer Kopplung von Aspekten der Altersvorsorge mit der Förderung des Eigenheimerwerbes. Die Förderung ist mit Inkrafttreten des Eigenheimrentengesetzes am 01.08.2008 eingeführt worden.

Förderberechtigte können demnach das in einem Riester-Altersvorsorgevertrag gebildete und geförderte Kapital bereits vor dem Renteneintritt für einen Eigenheimerwerb oder für die Entschuldung eines Eigenheims verwenden. Es sind nur bestimmte Personen förderfähig:

- rentenversicherungspflichtige Arbeitnehmer oder Selbständige
- pflichtversicherte Landwirte
- Bezieher von Arbeitslosengeld
- Bezieher von Krankengeld
- nicht erwerbstätige Pflegeperson von Angehörigen
- Beamte, Richter und Soldaten
- Kinder erziehenden (bis zur Vollendung des 3. Lebensjahres).

Weitere Voraussetzung ist, dass die Wohnung die Hauptwohnung und den Mittelpunkt der Lebensinteressen darstellt und im Inland liegt. Ausgeschlossen von der Förderung sind Ferienwohnungen.

Die Förderung erfolgt in Form eines Sonderausgabenabzuges von jährlich bis zu € 2.100 vom zu versteuernden

Einkommen oder alternativ in Form einer Vorsorgezulage. Das Finanzamt prüft, ob der Sonderausgabenabzug oder die Vorsorgezulage für den Antragssteller günstiger ist und legt im Steuerbescheid die günstigere Variante zugrunde.

Der Leitgedanke der Förderung der Altersvorsorge findet seine Ausprägung darin, dass Auszahlungen aus dem geförderten und aufgebauten Vermögen in Form einer zusätzlichen Rente erst nach Renteneintritt möglich sind. Dieser Grundsatz wird bei der Wohn-Riester-Förderung durchbrochen. Der Einsatz der geförderten Beträge zum Aufbau einer Altersvorsorge kann bereits **vor** dem Eintritt in das Rentenalter für den Kauf oder die Entschuldung einer selbstgenutzten Immobilie eingesetzt werden. Dieser Umstand stellt in zweifacher Hinsicht eine Privilegierung gegenüber anderen Riester-Förderprodukten dar. Denn bei Inanspruchnahme der Wohn-Riester-Förderung wird der Betrag vorzeitig in Anspruch genommen und darüber hinaus bei der Entnahme nicht versteuert, denn die Steuerfreiheit der Förderung ist ja gerade der Kern des Förderansatzes. Riester-Renten sind hingegen ab dem Renteneintritt künftig vollständig steuerpflichtig. Vor diesem Hintergrund musste der Gesetzgeber zur Gleichstellung der Wohn-Riester-Förderung mit den anderen Altersvorsorgeförderprodukten eine nachgelagerte Besteuerung der entnommenen Geldbeträge für den Immobilienerwerb regeln. Diese nachgelagerte Besteuerung wird durch ein Wohnförderkonto erreicht, auf dem die Entnahmebeträge der Wohn-Riester-Förderung verbucht und später der Besteuerung zugeführt werden. Vom 62. bis zum 85. Lebensjahr unterliegt das Wohnförderkonto dann mit einem jährlichen Betrag der Besteuerung wobei der individuelle Einkommensteuersatz zur Anwendung kommt. Alternativ kann eine einmalige Besteuerung des Kapitals des Wohnförderkontos gewählt werden mit einem Nachlass von 30%.

Als weitere Ausgleichsmaßnahme für die vorzeitige Nutzung des Altersvorsorgekapitals wird der in das Wohnförderkonto eingestellte und später bei Eintritt in das Rentenalter der Besteuerung zuzuführende Betrag jährlich um 2% erhöht. Diese Erhöhung soll den Vorteil kompensieren, dass die Riester-Mittel bereits vor dem Renteneintritt entnommen werden können zur Finanzierung einer Immobilie. Allerdings kompensiert diese jährliche Erhöhung um 2% die Vorteile des Wohn-Riesterns gegenüber anderen Riester-Produkten nur teilweise. Der Vorteil, die Finanzierung der Immobilie bereits viele Jahre vor dem Renteneintritt aus unversteuertem Geld zu speisen, überwiegt die jährliche Erhöhung des bei Renteneintritt zu versteuernden Wohnförderkontos um 2% erheblich.

Damit hat der Gesetzgeber insgesamt leider ein sehr kompliziertes Modell zur Förderung des Eigenheimerwerbes gewählt. Gleichwohl kann sich die Mühe des Einbaus in die Finanzierung lohnen. Dabei ist jedoch darauf zu achten, dass ein Riester-Darlehen keine nennenswert schlechteren Konditionen aufweist. Die schlechte Nachricht ist, dass viele Banken solche Darlehen wegen des höheren Verwaltungsaufwandes mit ungünstigeren Konditionen versehen. Sie sollten daher auf jeden Fall einen

Vergleich der Konditionen mit einem gewöhnlichen Annuitätendarlehen anstellen.

Insgesamt zeigt sich wieder einmal, wie fragwürdig der Ansatz des Staates ist, komplizierte Förderprodukte aufzulegen, die einen sehr hohen Verwaltungsaufwand nach sich ziehen und in erster Linie die Bankenlandschaft und den Finanzsektor fördern. An dieser Stelle erlaube ich mir einen Appell an die Politiker, stattdessen einfach Mal die Steuerschraube zu lockern und so ohne großen Verwaltungsaufwand eine Förderung der Bevölkerung zu bewerkstelligen, die ungekürzt bei den Menschen ankommt. Wenn der Staat z.B. die Grunderwerbssteuer für Eigenheimerwerbe abschaffen oder massiv senken würde, wäre das mit deutlich weniger Verwaltungsaufwand verbunden und würde die Menschen sofort spürbar entlasten. Wenn Sie insbesondere berücksichtigen, dass die Grunderwerbssteuer das Finanzierungsvolumen aufbläht und Darlehenszinsen generiert über die Laufzeit der Finanzierung, dann wäre ein Verzicht des Staates an dieser Stelle eine wirklich nachhaltige Entlastung, die nominal viel größer ausfällt als der reine Betrag des Verzichts auf die Grunderwerbsteuer.

5. GRUNDERWERBSTEUER

Die Grunderwerbsteuer fällt grundsätzlich bei jeder Übertragung eines Grundstückes an. Sie ist im **Grunderwerbsteuergesetz (GrEStG)** geregelt. Ausnahmen gelten z.B. für die Übertragung von Grundstücken unter Ehegat-

ten oder Lebenspartnern, die steuerfrei erfolgen können.[100]

a) Entstehung der Steuer

Für die Fälligkeit der Steuer reicht bereits der Abschluss eines notariellen Grundstückskaufvertrages aus
obwohl der Eigentumsübergang damit noch nicht bewirkt
ist.[101] Wie wir oben gesehen haben, erfolgt der Übergang
des Eigentums erst später mit der Eintragung des Käufers
im Grundbuch. Werden Anteile an einer Gesellschaft
übertragen, die Grundstücke hält, so wird die Anteilsüber-
tragung erst dann grunderwerbssteuerpflichtig wenn
mindestens 95% der Anteile übertragen werden.

Die Grunderwerbsteuer fällt auf die Gegenleistung für
die Grundstücksübertragung an. Das ist im Normalfall der
Kaufpreis für das Grundstück. Bei Verkauf eines bebauten
Grundstückes gehört dazu auch der Anteil des Kaufpreises, der auf das Gebäude entfällt da dieses eine rechtliche
Einheit mit dem Grundstück bildet. Teile des Kaufpreises,
die auf mitverkauftes Mobiliar entfallen, sind hingegen
nicht grunderwerbsteuerpflichtig. Aus diesem Grunde ist
es empfehlenswert, im notariellen Kaufvertrag einen angemessenen Teil des Kaufpreises auf mitverkauftes Mobiliar (z.B. Küche) zuzuteilen, weil das die Bemessungsgrundlage der Grunderwerbssteuer mindert und damit
Steuern spart.

---

[100] Ich verweise dazu auf § 3 GrEStG.

[101] Ich verweise dazu auf § 1 Abs. 1 GrEStG.

b) Steuersätze

Mit Wirkung zum 01.01.2006 ist hinsichtlich des Grunderwerbsteuersatzes eine wichtige Änderung in Kraft getreten. Seitdem haben die Bundesländer die Kompetenz erhalten, den für das Land gültigen Grunderwerbsteuersatz festzulegen.[102] Die folgende Tabelle weist aus, welche Bundesländer welche Steuersätze festgelegt haben:

Grunderwerbsteuersätze in den Bundesländern

	gültig seit	Steuersatz
Bayern	1998	3,5%
Berlin	01.01.2014	6,0%
Baden-Württemberg	05.11.2011	5,0%
Brandenburg	01.01.2011	5,0%
Bremen	01.01.2014	5,0%
Hamburg	01.01.2009	4,5%
Hessen	01.08.2014	6,0%
Mecklenburg-Vorpommern	01.07.2012	5,0%
Niedersachsen	01.01.2014	5,0%
Nordrhein-Westfalen	01.01.2015	6,5%
Rheinland-Pfalz	01.03.2012	5,0%
Saarland	01.01.2015	6,5%

---

[102] Ich verweise dazu auf Art. 105 Abs. 2a GG.

Sachsen	1998	3,5%
Sachsen-Anhalt	01.01.2017	5,0%
Schleswig-Holstein	01.01.2014	6,5%
Thüringen	01.01.2017	6,5%

c) Schuldner der Steuer

Nach dem Gesetz sind sowohl der Käufer als auch der Verkäufer Schuldner der Grunderwerbsteuer.[103] Da nach dem Willen der Vertragsparteien der Käufer die Grunderwerbsteuer tragen soll, ist es empfehlenswert, diese Vereinbarung auch im Kaufvertrag festzuhalten. Das Finanzamt wendet sich zwar ohnehin in der Praxis zunächst an den Käufer mit dem Erlass eines Grunderwerbsteuerbescheides. Da der Käufer insbesondere nur dann als neuer Eigentümer im Grundbuch eingetragen wird, wenn die Grunderwerbsteuer gezahlt worden ist, wird er seiner Verpflichtung in aller Regel nachkommen ohne dass der Verkäufer je etwas vom Finanzamt hört.

Probleme können dann auftreten, wenn der Vollzug des Kaufvertrages scheitert. Insoweit kann eine ausdrückliche Regelung im Kaufvertrag hilfreich sein, dass im Verhältnis der Vertragsparteien zueinander nur der Käufer zur Zahlung der Grunderwerbssteuer verpflichtet ist, um Problemen in einem solchen Fall vorzubeugen.

---

[103] Ich verweise dazu auf § 13 GrEStG.

d) Steuerfalle Instandhaltungsrücklage

Viele Erwerber von gebrauchten Eigentumswohnungen zahlen zu viel Grunderwerbssteuer. Wie kommt es dazu? Hintergrund ist, dass in der Praxis der Notare bei der Beurkundung von Kaufverträgen häufig übersehen wird, die Höhe der Instandhaltungsrücklage zu berücksichtigen, die vom Verkäufer auf den Erwerber übergeht. Diese fällt nämlich **nicht** in die Bemessungsgrundlage der Grunderwerbssteuer und ist daher vom Kaufpreis abzuziehen. Unterbleibt die Ermittlung der Höhe der Instandhaltungsrücklage und die Aufnahme des Betrages in den notariellen Kaufvertrag, setzt das Finanzamt auch auf diesen Betrag als Bestandteil des Kaufpreises Grunderwerbssteuer fest. Damit zahlen die Käufer (je nach Höhe des Grunderwerbssteuersatzes) zwischen 3,5% und 6,5% Grunderwerbssteuer auf die Instandhaltungsrücklage. Bei größeren Instandhaltungsrücklagen sind das durchaus beachtliche Beträge an vermeidbaren Steuern.

Was genau ist die Instandhaltungsrücklage einer Eigentumswohnung und wie erfährt man als Käufer die Höhe derselben? Dabei handelt es sich um eine vom Verwalter einer Eigentümergemeinschaft angesparte Rücklage für künftige Instandhaltungsmaßnahmen des Gemeinschaftseigentums, die aus monatlichen Zahlungen der Eigentümer mit dem Hausgeld gespeist wird. Wenn Sie eine Eigentumswohnung kaufen, dann erwerben Sie automatisch auch den auf den Voreigentümer entfallenden Anteil an dieser Instandhaltungsrücklage.

Die Höhe der Instandhaltungsrücklage können Sie aus dem letzten Wirtschaftsplan des Verwalters ersehen. Bestehen Sie als Erwerber einer Eigentumswohnung darauf, dass dieser Betrag im Text des notariellen Kaufvertrages als separater Posten ausgewiesen wird. Dann wird dieser Teil nicht der Grunderwerbssteuer unterworfen. Wie Sie sehen, können Sie durch Aufbau von Fachwissen jede Menge Geld sparen.

e) Steuerfalle Bauträgerimmobilie

Es gibt zahlreiche Angebote am Immobilienmarkt, Grundstücke in Kombination mit Bauleistungen zu kaufen. Das kommt insbesondere beim Verkauf von noch zu errichtenden Eigentumswohnungen, aber auch bei Doppelhaushälften oder Einfamilienhäusern vor. Dazu finden Sie weiter oben im Abschnitt VI. 2. detaillierte Ausführungen. Problematisch bei dieser Konstruktion ist, dass sie die Bauleistungen grunderwerbssteuerpflichtig macht und damit die Baukosten um bis zu 6,5% verteuern kann (je nach Bundesland, in dem die Immobilie liegt).

Bei Lichte betrachtet ist der Bauträgervertrag kein reiner Kaufvertrag, sondern ein gemischter Vertrag, der sowohl Kaufvertragsbestandteile als auch Werkvertragsbestandteile beinhaltet. Werden Grundstück und Bauleistungen als Paket aus einer Hand in einem Vertrag gekauft, macht das die Bauleistungen grunderwerbssteuerpflichtig. Eine Ausnahme gilt nur dann, wenn Grundstückskauf und Einkauf der Bauleistungen voneinander getrennt sind. Wenn Sie z.B. zunächst das Grundstück von Person A kaufen und 8 Monate später die Bauleistungen von Person B, dann ist nur der Grundstückskauf von A grunderwerbssteuerpflichtig. Die von B eingekauften Bauleistungen sind dann nicht grunderwerbssteuerpflichtig. Eine solche Vorgehensweise kann viel Geld sparen. Bei einer Immobilie, die z.B. in Nordrhein-Westfalen liegt, spart man immerhin 6,5% des Preises für die Bauleistungen. Bauträgerverträge sind daher bei Lichte betrachtet suboptimale Konstruktionen.

Es ist vorzugswürdig, das Grundstück und die Bauleistungen **nicht** aus einer Hand zu kaufen. Beim Kauf einer Eigentumswohnung in einem größeren Komplex ist das natürlich nicht praktizierbar. Bei einer Doppelhaushälfte oder einem Einfamilienhaus hingegen schon.

Darüber hinaus gibt es weitere Argumente, die gegen den Abschluss eines Bauträgervertrages für Doppelhaushälften oder Einfamilienhäuser sprechen: Bauträger nutzen häufig die Attraktivität eines Grundstückes aus, um den Vertragspartnern überdurchschnittlich hohe Preise für die Bauleistungen zu berechnen. Verbreitet ist die Praxis, dass der Bauträger zunächst eine abtretbar ausgestaltete Kaufoption mit dem Eigentümer eines attraktiven Grundstückes schließt und dann das Grundstück als Paket mit den Bauleistungen vermarktet. Die meisten Käufer wissen gar nicht, dass diese Konstruktion darüber hinaus noch Grunderwerbssteuer auf die Bauleistungen nach sich zieht. Insbesondere dient die Praxis der Bauträger ja häufig nur dazu, den Grundstückskäufer zwingen zu können, die Bauleistungen bei ihm einzukaufen und bei niemand anderem. Würde der Bauträger hingegen den Erwerb des Grundstückes lediglich vermitteln und nicht in Form der Abtretung einer Kaufoption zum Bestandteil eines Paketes aus Grundstückskauf und Bauleistungen machen, wäre die Gefahr deutlich reduziert, dass das Finanzamt Grunderwerbssteuer auch auf die Bauleistungen festsetzt. Bei Lichte betrachtet sind diese Gestaltungen daher einseitig zu Gunsten des Bauträgers gestaltet und für den Erwerber eher nachteilig.

6. ERBSCHAFTS- & SCHENKUNGSSTEUER

Da Immobilien häufig den größten Vermögensteil eines Menschen ausmachen und längerfristig gehalten werden, sollte man als Eigenheimerwerber auch über erbschaftssteuerliche und schenkungssteuerliche Aspekte nachdenken.[104]

Wichtig ist zunächst die Erkenntnis, dass nicht nur der Erwerb einer Immobilie im Erbfall mit Steuern belastet sein kann sondern auch die Schenkung zu Lebzeiten. In beiden Fällen wird die Steuer prinzipiell identisch berechnet.[105] Im Erbfall wird sie Erbschaftssteuer genannt und im Schenkungsfall Schenkungssteuer. Beide Steuern sind im **Erbschafts- und Schenkungssteuergesetz (ErbStG)** geregelt.

---

[104] Ich verweise in diesem Zusammenhang auf mein weiteres Buch mit dem Titel „**Immobilien steueroptimiert verschenken & vererben**". Sie finden darin Gestaltungsmöglichkeiten erklärt, um Erbschafts- und Schenkungssteuern zu sparen und darüber hinaus den Schenker einer Immobilie optimal für das Alter abzusichern. Das Buch finden Sie unter dem folgenden Kurzlink: http://amzn.to/2cAaoPs

[105] Ich verweise dazu auf § 7 in Verbindung mit § 1 Abs. 1 Nr. 1 ErbStG.

Die Erbschaftssteuer fällt an wenn Vermögensgegenstände durch Erbfall erworben werden. Dabei wird nicht der Nachlass des Verstorbenen als Ganzes belastet, sondern der Vermögensteil, der auf einen Erben übergeht. Wenn z.B. ein Einfamilienhaus an zwei Kinder zu je ½ vererbt wird, dann fällt die Erbschaftssteuer bei jedem Kind an und bezieht sich dann auf ½ der Erbmasse, d.h. auf die Hälfte des Wertes des Mietshauses und nicht auf das ganze Haus.

Der Schenkungssteuer unterliegen Schenkungen unter Lebenden, die hinsichtlich der Belastung mit Steuern gleich behandelt werden wie ein Erwerb im Wege einer Erbschaft. Bei Schenkungen besteht allerdings die Besonderheit, dass die Steuerfreibeträge alle 10 Jahre erneut ausgenutzt werden können, so dass durch eine ratenweise Schenkung zu Lebzeiten in 10 - Jahresabständen unter Umständen in erheblichem Umfang Steuern gespart werden können.

Da beide Steuern nach einem identischen Verfahren berechnet und erhoben werden, sind bei den folgenden Ausführungen immer beide Steuern gemeint wenn nicht ausdrücklich auf einen Unterschied hingewiesen wird.

a) Bemessungsgrundlage bei Immobilienvermögen

Bei der Heranziehung zur Erbschafts- oder Schenkungssteuer muss zunächst der steuerrechtlich relevante Wert des verschenkten oder vererbten Vermögens ermittelt werden. Bei Geldvermögen ist das natürlich sehr einfach, weil einfach nur festgestellt werden muss, wie viel Geld auf Konten oder in bar vorhanden ist.

Bei Immobilien als Bestandteil des Vermögens ist das schwieriger. Die richtige Ermittlung des steuerrechtlich relevanten Wertes von Immobilien war lange Zeit ein Zankapfel und ist Gegenstand mehrerer Entscheidungen des Bundesverfassungsgerichtes gewesen, welches wiederholt die Rechtslage als verfassungswidrig bemängelt hatte, weil Immobilien anders bewertet worden waren, als andere Vermögensbestandteile. Die Privilegierung von Immobilien bei der Erbschafts- und Schenkungssteuer ergab sich daraus, dass diese durch ein unrealistisches Bewertungsverfahren für steuerrechtliche Zwecke mit einem viel niedrigeren Wert veranlagt wurden als andere Vermögensbestandteile. Nach der bis zum 31.12.2008 geltenden Rechtslage wurden Immobilien im Durchschnitt nur mit ca. 50% des tatsächlichen Wertes zur Erbschafts- und Schenkungssteuer veranlagt, was zu einer Ungleichbehandlung mit anderem Vermögen (z.B. Aktien oder Kapitallebensversicherungen) geführt hat.[106] Durch diese Bewertung von Immobilienvermögen war die Bemessungsgrundlage für die Erbschafts- und Schenkungssteuer bei Immobilien geschmälert worden mit der Folge, dass die Steuer nur auf einen Bruchteil des tatsächlichen Wertes der Erbmasse bzw. Schenkungsmasse anfiel.

---

[106] Ich verweise dazu auf den Beschluss des Bundesverfassungsgerichtes v. 07.11.2006, abgedruckt in Neue Juristische Wochenschrift 2007, S. 573 (579 f.).

Getrieben von der Grundsatzentscheidung des Bundesverfassungsgerichtes vom 07.11.2006 hat der Gesetzgeber die Grundlagen der Bewertung von Immobilien zur Berechnung der Erbschafts- und Schenkungssteuer mit Wirkung zum 01.01.2009 grundlegend überarbeitet.[107] Darüber hinaus sind erhebliche Änderungen bei den Freibeträgen und bei den Steuersätzen eingeführt worden. Aufgrund der neuen Rechtslage sind die Steuervorteile für Immobilien reduziert worden, da nunmehr auch für Immobilienvermögen Bewertungsverfahren steuerrechtlich festgeschrieben wurden, die zu einer realistischeren Bewertung der Immobilie führen.

Das Erbschafts- und Schenkungssteuergesetz enthält jedoch auch nach der vom Bundesverfassungsgericht erzwungenen Korrektur der Bewertungsvorschriften noch immer Privilegierungen von Immobilienvermögen. So sieht Gesetz seit dem 01.01.2009 vor, dass im Privatvermögen gehaltene und vermietete Wohnimmobilien nur mit 90% des ermittelten Marktwertes anzusetzen sind.[108] Das dürfte einen ganz erheblichen Teil des Immobilienvermögens betreffen, der von privaten Investoren gehalten wird. Dieser Wertansatz mit 90% liegt zwar schon erheblich höher als die Ansätze von durchschnittlich 50%

---

[107] Die Entscheidung des Bundesverfassungsgerichtes vom 07.11.2006 (abgedruckt in Neue Juristische Wochenschrift 2007, S. 573 ff) hat den Gesetzgeber gezwungen, die Bewertungsgrundlagen von Immobilien für die Berechnung der Erbschafts- und Schenkungssteuer zu reformieren.

[108] Ich verweise dazu auf § 13c ErbStG neuer Fassung.

nach alter Rechtslage, aber immer noch unterhalb der für andere Vermögensarten üblichen 100%.

Darüber hinaus gibt es eine wichtige **Privilegierung für Eigenheime**. Der Ehegatte oder Lebenspartner kann ein Eigenheim (unabhängig vom Wert) stets steuerfrei erben oder geschenkt bekommen.[109] Auch Kinder können unabhängig vom Wert einer Wohnimmobilie steuerfrei erben wenn sie diese nach Eintritt des Erbfalls selbst beziehen und als Eigenheim nutzen. Allerdings gilt dann die weitere Einschränkung, dass die Immobilie nicht mehr als 200 m^2 Wohnfläche haben darf.[110]

b) Freibeträge und Steuersätze

Neben der Änderung der Bewertungsansätze von Immobilienvermögen sind auch die Steuersätze und die persönlichen Freibeträge verändert worden. Die nachfolgende Tabelle weist die Freibeträge für die jeweiligen Steuerklassen und Verwandtschaftsgrade aus. Zum Vergleich sind die Freibeträge nach alter und neuer Rechtslage gegenübergestellt.

---

[109] Ich verweise dazu auf § 13 Abs. 1 Nr. 4b ErbStG neuer Fassung.

[110] Ich verweise dazu auf § 13 Abs. 1 Nr. 4c ErbStG neuer Fassung.

	Verwandtwandtschaftsgrad	Freibetrag (neu) EUR	Freibetrag (alt) EUR	Differenz EUR
Steuerklasse I	Ehepartner	500.000	307.000	+ 193.000
	Eingetragene Lebenspartner	500.000	5.200	+ 494.800
	Kinder	400.000	205.000	+ 195.000
	Enkel und Urenkel	200.000	51.200	+ 148.800
	Eltern, Großeltern	100.000	51.200	+ 48.800
Steuerklasse II	Geschwister, Nichten, Neffen, Schwiegerkinder, Schwiegereltern, Geschiedener Ehepartner	20.000	10.300	+ 9.700
Steuerklasse III	Sonstige	20.000	5.200	+ 14.800

Jeder Steuerpflichtige kann innerhalb von 10 Jahren einen persönlichen Freibetrag für eine Erbschaft oder eine Schenkung in Anspruch nehmen. Die Höhe des Freibetrages hängt vom Verwandtschaftsgrad des Erben oder Beschenkten zu dem Erblasser oder Schenker ab. Daraus ergibt sich eine Einteilung der Begünstigten in insgesamt 3 Steuerklassen.

Die Reform des Erbschaftssteuer- und Schenkungs-
steuerrechtes hat also nicht nur Nachteile für Immobilienerwerber auf der Bewertungsebene gebracht sondern auch
Vorteile für Erben und Beschenkte in Form von Erhöhungen der persönlichen Freibeträge. Die jeweilige Erhöhung
im Vergleich zur alten Rechtslage können Sie der letzten
Spalte der vorstehenden Tabelle entnehmen.

Die Steuersätze für die Erbschafts- und Schenkungssteuer sind durch die Steuerreform zum 1.1.2009 in den
Steuerklassen II und III angehoben worden wie aus der
nachfolgenden Tabelle ersichtlich:

Steuersatz-stufen	Steuerklasse I		Steuerklasse II		Steuerklasse III	
	Steuer-satz (neu)	Steuer-satz (alt)	Steuer-satz (neu)	Steuer-satz (alt)	Steuer-satz (neu)	Steuer-satz (alt)
alt: bis 52.000 € neu: bis 75.000 €	7%	7%	15%	12%	30%	17%
alt: bis 256.000 € neu: bis 300.000 €	11%	11%	20%	17%	30%	23%
alt: bis 512.000 € neu: bis 600.000 €	15%	15%	25%	22%	30%	29%
alt: bis € 5.113.000 € neu: bis 6.000.000 €	19%	19%	30%	27%	30%	35%
alt: bis 12.783.000 € neu: bis 13.000.000	23%	23%	35%	32%	50%	41%
alt: bis 25.565.000 neu: bis 26.000.000	27%	27%	40%	37%	50%	47%
Darüber	30%	30%	43%	40%	50%	50%

Da die Steuersätze jedoch nur auf das Vermögen zur Anwendung kommen, welches die (massiv erhöhten) persönlichen Freibeträge überschreitet, dürfte sich die Anhebung der Steuersätze nur für die Vererbung bzw. Schenkung größerer Vermögen auswirken.

Darüber hinaus fällt auf, dass eine Erhöhung der Steuersätze nur für die Steuerklassen II und III erfolgt ist. In der Steuerklasse I sind die Steuersätze gleich geblieben. Da die meisten Erben und Beschenkten der Steuerklasse I angehören, wirken sich die Erhöhungen in den Steuerklassen II und III daher praktisch nur selten aus. Denn im Normalfall sind Ehepartner, Lebenspartner und Kinder die Erben und Beschenkten, also sämtlich Personen in der Steuerklasse I.

7. GRUNDSTEUERN

Die Grundsteuer fällt jährlich auf alle Grundstücke an. Sie wird von der Gemeinde festgesetzt, in der das Grundstück liegt. Bemessungsgrundlage für die Grundsteuer ist der festgestellte Wert des Grundstückes nach dem Bewertungsgesetz und der von der Gemeinde festgelegte Grundsteuerhebesatz. Dieser kann abhängig von der Lage des Grundstückes sehr unterschiedlich sein, da er von der Gemeinde autonom festgelegt wird. Auf die Grundsteuer werden quartalsweise Vorauszahlungen erhoben.

IX. BERECHNUNGSTOOL FÜR IMMOBILIENDARLEHEN

Als Bonusmaterial zu diesem Ratgeber ist ein Berechnungstool verfügbar, mit dem Sie alle wichtigen Eckdaten einer Immobilienfinanzierung erfassen und berechnen können. Als Erwerber dieses Buches erhalten Sie das Tool kostenlos als Bonus, wenn Sie per Email einen Downloadlink anfordern.[111]

Das Berechnungstool basiert auf dem Tabellenkalkulationsprogramm MS Excel. Es ermöglicht die Erfassung aller relevanten Objekt- und Finanzierungsdaten und verarbeitet diese vollautomatisch weiter zu den für Sie relevanten Werten und Kennzahlen (z.B. Kaufnebenkosten, Gesamtkosten der Darlehensfinanzierung).

1. BASISDATEN

Auf dem ersten Datenblatt mit der Bezeichnung **Basisdaten** sind zunächst die Daten einzutragen, die für die Berechnung grundlegend sind wie z.B. der Kaufpreis und die Höhe des eingesetzten Eigenkapitals. Auf diese Daten greifen auch die anderen Datenblätter zurück und speisen sie in weitere Rechenschritte ein.

Die auf der folgenden Seite eingefügte Graphik stellt einen Bildschirmausdruck des Datenblattes **Basisdaten** dar: Dieses Datenblatt muss immer ausgefüllt werden weil

---

[111] IPE@alexander-goldwein.de Das Berechnungstool wurde mit größtmöglicher Sorgfalt erstellt. Für die Richtigkeit ist eine Haftung des Autors oder des Verlages ausgeschlossen.

diese Zahlen die Basis für alle weiteren Berechnungen darstellen. Sie können nur in die gelb hinterlegten Felder Daten eingeben. Daraus werden in den weiß hinterlegten Feldern Zwischenergebnisse errechnet und in den orange-rot hinterlegten Feldern werden Endergebnisse angezeigt. Die Überschriften sind durchgängig grün hinterlegt, um die Orientierung in dem Datenblatt farblich zu unterstützen.

Das Datenblatt „**Basisdaten**" ist enthält mehrere fett umrandete Kästen. Wichtig ist der obere linke Kasten. Er trägt die Überschrift „**Einmalige Kosten beim Kauf**". In dem Beispiel ist hier in dem ersten gelb hinterlegten Feld der Kaufpreis für die Immobilie in Höhe von € 660.000 eingegeben (siehe Feld D 4). Daraus werden anhand der Prozentsätze für Maklerprovision, Grunderwerbsteuer sowie Notar- und Grundbuchkosten die Kaufnebenkosten vollautomatisch errechnet, die in den folgenden weiß hinterlegten Feldern angezeigt werden (siehe Felder D 8 bis D 10).

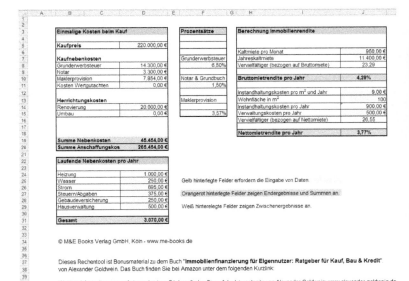

Abbildung 4: Datenblatt "Objektdaten"

Die relevanten Prozentsätze für die Kaufnebenkosten sind in dem fett umrandeten Kasten weiter rechts hinterlegt. Sie können in den gelben Feldern verändert werden wenn es im konkreten Fall Abweichungen von den dort eingetragenen Werten gibt. Wenn Sie z.B. ohne Beteiligung eines Immobilienmaklers kaufen, dann setzen Sie den Wert für die Maklerprovision in diesem Kasten einfach auf 0%. Als weitere Kaufnebenkosten sind in diesem Beispiel noch Kosten für ein Wertgutachten (siehe Feld D 11) sowie Kosten für die Renovierung der Immobilie (siehe Feld D 14) eingetragen. Wenn solche Kosten in Ihrem konkreten Fall nicht anfallen, dass tragen Sie hier einfach 0 ein.

In dem oberen rechten Kasten werden die Basisdaten zur Immobilie eingetragen, aus denen eine Rendite bzw. ein Vervielfältiger errechnete wird. Ich verweise dazu auf die Ausführungen in Kapitel II. 2. b). Auch hier gilt, dass nur in die gelb hinterlegten Felder Eintragungen gemacht werden können.

2. KONDITIONEN UND KOSTEN DES DARLEHENS

Das zweite Datenblatt trägt die Bezeichnung „**Finanzierung**". Die auf der folgenden Seite eingefügte Grafik stellt einen Bildschirmausdruck dieses Datenblattes dar:

Auch hier gilt, dass Sie nur in die gelb hinterlegten Felder Daten eingeben können. Daraus werden in den weiß hinterlegten Feldern Zwischenergebnisse errechnet und in den orangerot hinterlegten Feldern werden Endergebnisse angezeigt. Die Datenblätter sind über Formeln miteinander verknüpft. Die in dem Datenblatt „**Basisdaten**" eingetragenen Daten tauchen im Datenblatt „**Finanzierung**" wieder auf soweit sie die Grundlage für die weiteren Berechnungen darstellen. So finden Sie z.B. den Kaufpreis und die einmaligen Nebenkosten beim Kauf in den ersten Zeilen des Datenblattes wieder (siehe Felder D 4 und D 5).

Das Datenblatt stellt Ihnen die entscheidenden Eckdaten der Darlehensfinanzierung dar. Dazu gehört als besonders wichtige Information die Gesamtzinslast der Finanzierung, die in der letzten Zeile des Datenblattes abzulesen ist. Die Gesamtzinslast gibt an, wie viel Geld Sie insgesamt für Darlehenszinsen aufwenden müssen bis die Finanzierung vollständig zurückgeführt ist.

Im Datenblatt „**Finanzierung**" müssen Sie zunächst die Höhe des verfügbaren Eigenkapitals in dem gelb hinterlegten Feld (siehe Feld D 9) eingeben. Daraus errechnet sich dann vollautomatisch der erforderliche Darlehensbedarf, der als Ergebnis in einem orangerot hinterlegten Feld angezeigt wird (siehe Feld D 11). In dem folgenden fett umrandeten Feld mit der Überschrift Disagio können Sie einen Auszahlungsprozentsatz eingeben, wenn Sie ein Disagio vereinbart haben.

Besonders wichtig sind die Eingaben in dem folgenden Kasten mit der Überschrift „Eckdaten der Darlehensfinanzierung".

	Berechnung des Finanzierungsbedarfs					
Kaufpreis	220.000 €					
Einmalige Kosten beim Kauf	45.454 €					
Gesamtsumme der Kosten	265.454 €		© M&E Books Verlag GmbH, Köln - www.me-books.de			
Eigenkapital	110.000 €					
Kreditbedarf	155.454 €					
Disagio						
Kreditbetrag	155.454 €					
Auszahlung (in Prozent)	100%					
Auszahlungsbetrag	155.454 €					
Eckdaten der Kreditfinanzierung	Variante 1	Variante 2	Variante 3	Variante 4	Variante 5	
Zinssatz nominal (%)	2,00%	2,00%	2,00%	2,00%	2,00%	
anfängliche Tilgung (%)	1,00%	2,00%	3,00%	4,00%	5,00%	
jährliche Sondertilgung (% von Darlehensbetrag)	0,00%	5,00%	5,00%	5,00%	5,00%	
jährlicher Sondertilgungsbetrag in €	0,00 €	7.772,70 €	7.772,70 €	7.772,70 €	7.772,70 €	
Summe Sondertilgungen in €	0,00 €	98.134,37 €	85.499,70 €	77.727,00 €	69.954,30 €	
Monatliche Rate (Belastung)	389 €	648 €	648 €	777 €	907 €	
Laufzeit in Jahren bis Volltilgung	40,0	13,0	11,6	10,2	9,3	
Restschuld nach 5 Jahren	147.287 €	98.655 €	90.487 €	82.320 €	74.152 €	
Restschuld nach 10 Jahren	138.261 €	35.874 €	18.681 €	1.487 €	0 €	
Restschuld nach 15 Jahren	128.461 €	0 €	0 €	0 €	0 €	
Restschuld nach 20 Jahren	117.265 €	0 €	0 €	0 €	0 €	
Restschuld nach 25 Jahren	105.054 €	0 €	0 €	0 €	0 €	
Restschuld nach 30 Jahren	91.624 €	0 €	0 €	0 €	0 €	
Ergebnisse Zinsbelastung	Variante 1	Variante 2	Variante 3	Variante 4	Variante 5	
nach 5 Jahren	15.151 €	13.155 €	12.760 €	12.365 €	11.871 €	
nach 10 Jahren	29.443 €	20.328 €	18.681 €	17.033 €	15.436 €	
nach 15 Jahren	42.573 €	21.516 €	19.004 €	17.037 €	15.436 €	
nach 20 Jahren	55.083 €	21.516 €	19.004 €	17.037 €	15.436 €	
nach 25 Jahren	66.221 €	21.516 €	19.004 €	17.037 €	15.436 €	
nach 30 Jahren	76.078 €	21.516 €	19.004 €	17.037 €	15.436 €	
Gesamtzinslast bis Volltilgung	91.402 €	21.516 €	19.004 €	17.037 €	15.436 €	

[1] Es wird im Tilgungsplan unterstellt, dass die Sondertilgung im Dezember eines jeden Jahres erfolgt
im Zusammenhang mit Weihnachtsgeldzahlungen des Arbeitgebers.

Gelb hinterlegte Felder erfordern die Eingabe von Daten.

Orangerot hinterlegte Felder zeigen Endergebnisse und Summen an.

Weiß hinterlegte Felder zeigen Zwischenergebnisse an.

Dieses Rechentool ist Bonusmaterial zu dem Buch "Immobilienfinanzierung für Eigennutzer: Ratgeber für Kauf, Bau & Kredit"
von Alexander Goldwein. Das Buch finden Sie bei Amazon unter dem folgenden Kurzlink:

Weitere Informationen zum Autor und seinen Büchern finden Sie auf der Internetseite von Alexander Goldwein: www.alexander-goldwein.de

Abbildung 5: Datenblatt "Finanzierung"

Hier sind in den gelb hinterlegten Feldern die Daten für den Nominalzinssatz, den anfänglichen Tilgungssatz sowie etwaige Sondertilgungsrechte einzugeben (siehe Zeilen 21 bis 23).

Aus diesen Eckdaten werden unter Zugriff auf die zuvor eingegebenen Daten vollautomatisch in den folgenden Zeilen Zwischenergebnisse und Endergebnisse angezeigt. Dazu gehören die Höhe der sich ergebenden monatlichen Darlehensrate, die Anzahl der Jahre bis zur Volltilgung des Darlehens sowie schließlich die Höhe der Restschuld und der aufgelaufenen Zinsbelastung in € in zeitlichen Abständen von 5 Jahren.

Das Berechnungstool weist die Besonderheit auf, dass Sie insgesamt 5 Varianten von Eckdaten der Darlehensfinanzierung nebeneinander eingeben können. Die Ergebnisse der Varianten werden vollautomatisch für alle Varianten durchgerechnet und übersichtlich nebeneinander dargestellt in den Spalten mit den Überschriften Variante 1 bis 5. Diese Funktionalität werden Sie schon bald sehr schätzen lernen. Denn Sie ermöglicht es, schnell und übersichtlich die Entwicklung der Darlehenskosten zu betrachten, die sich bei unterschiedlichen Eckdaten ergeben.

In dem letzten Kasten ganz unten auf dem Datenblatt finden Sie schließlich die Werte für die auflaufende Gesamtzinslast bei der Darlehensfinanzierung in Abständen von 5 Jahren. In der letzten Zeile des Datenblattes ist die Gesamtzinslast bis zur vollständigen Rückführung der Darlehensfinanzierung ausgewiesen. Hier können Sie sehr schön ablesen, wie sich die Gesamtzinslast verändert, wenn Sie die Eckdaten der Finanzierung verändern. Wie Sie sehen, können Sie mit diesem Rechentool relativ einfach komplexe Berechnungen durchführen und haben damit ein optimales Steuerungsinstrument für Ihre Darlehensfinanzierung in der Hand.

Das vierte Datenblatt mit der Bezeichnung „**Zins & Tilgungspläne**" enthält die vollständigen und sehr umfangreichen Zahlenreihen, die den angezeigten Ergebnissen im Datenblatt **Finanzierung** zugrunde liegen. An diesem Datenblatt sollten Sie nichts verändern.

INDEX

DER AUTOR

Alexander Goldwein ist gelernter Jurist und hat einen internationalen Bildungshintergrund. Er hat in drei Staaten in drei Sprachen studiert. Er ist mit Kapitalanlagen in Immobilien self-made Millionär geworden.

Als Autor und Berater hat er zahlreiche Menschen zu wirtschaftlichem Erfolg geführt. Goldwein verfügt über eine große Bandbreite praktischer Erfahrung aus seiner

Tätigkeit als Jurist in der Rechtsabteilung einer Bank sowie als kaufmännischer Projektleiter in der Immobilienbranche. In seiner praktischen Laufbahn hat er Immobilieninvestments in den USA und in Deutschland aus wirtschaftlicher und rechtlicher Sicht begleitet und verantwortet. Durch seine Bücher hat Goldwein sich bei privaten Kapitalanlegern einen legendären Ruf erarbeitet, weil er mit seinen ganzheitlichen Erklärungsansätzen den idealen Nährboden für gelungene Investitionen in Wohnimmobilien erzeugt. Mit eigenen Investitionen in Immobilien hat er ein beachtliches Vermögen aufgebaut und wirtschaftliche Unabhängigkeit erlangt.

Goldwein verfolgt konsequent den Ansatz, komplexe Themen einfach zu erklären, so dass auch Anfänger ohne Vorkenntnisse mühelos folgen können. Er erreicht so alle, die gerne in Immobilien investieren würden, aber bisher noch keinen Zugang zu dem notwendigen Fachwissen erhalten haben. Leider werden Grundkenntnisse des Investierens und des klugen Umgangs mit Geld in unserem Bildungssystem sträflich vernachlässigt. So erklärt sich, dass viele Menschen sich damit schwer tun und ihre Chancen nicht richtig nutzen.

GELD VERDIENEN MIT WOHNIMMOBILIEN

ISBN 978-0993950643 (Taschenbuch)

ISBN 978-0994853332 (Gebundene Ausgabe)

Auf Amazon.de: http://amzn.to/22FkyNs

Erfolg als privater Immobilieninvestor

In diesem Buch erklärt der gelernte Jurist und Banker Alexander Goldwein verständlich und mit konkret durchgerechneten Beispielen, wie Sie mit Wohnimmobilien ein Vermögen aufbauen und finanzielle Freiheit erlangen können

In diesem Buch erfahren Sie ganz konkret:

- Strategien zur sicheren & rentablen Kapitalanlage in Wohnimmobilien
- Aufspüren lukrativer Renditeimmobilien auch in angespannten Märkten
- Grundlagen der Immobilienbewertung und Kaufpreisfindung
- Checklisten zur professionellen Prüfung & Verhandlungsstrategien für den Ankauf
- Strategien für die optimale Finanzierung und Hebelung der Eigenkapitalrendite
- Berechnung von Cash-Flow & Rendite mit dem als Bonus erhältlichen Excel-Rechentool
- Steueroptimierte Bewirtschaftung & Realisierung von Veräußerungsgewinnen
- Praxisrelevante Grundlagen des Immobilienrechtes (inklusive der Besonderheiten bei vermieteten Eigentumswohnungen)
- Praxisrelevante Grundlagen des Mietrechtes (inklusive der Regelungen zu Mieterhöhungen)

STEUERLEITFADEN FÜR IMMOBILIENINVESTOREN

ISBN: 978-0994853363 (Taschenbuch)

ISBN: 978-0994853387 (Gebundene Ausgabe)

Auf Amazon.de: http://amzn.to/2ecvfF2

Der ultimative Steuerratgeber für Privatinvestitionen in Wohnimmobilien

Sichern Sie sich maximale Steuervorteile durch überlegenes Wissen! Der Autor erklärt Ihnen Schritt für Schritt praxiserprobte Steuerstrategien für vermietete Wohnimmobilien. Kompakt, verständlich und gründlich.

- Maximaler Ansatz von Werbungskosten
- Realisierung steuerfreier Veräußerungsgewinne
- Steuervorteile bei Denkmalschutzimmobilien
- Ferienimmobilien im In- und Ausland als Renditeobjekt
- Erbschafts- und Schenkungssteuer (steueroptimierte Übertragung auf Ehepartner & Kinder)
- Bonusmaterial: Excel-Tool für Kalkulation von Rendite, Finanzierungskosten und Cash-Flow

Das Markenzeichen von Alexander Goldwein ist, komplexe Themen einfach zu erklären. So haben auch Leser ohne Vorkenntnisse die Chance, die Zusammenhänge zu verstehen und dieses Wissen für sich zu nutzen. Das Buch enthält zahlreiche Beispiele aus der Praxis und aktuelle Hinweise auf die Rechtsprechung und auf Schreiben des Bundesfinanzministeriums. Es ist sowohl für Anfänger als auch für Fortgeschrittene geeignet.

VERMIETUNG & MIETERHÖHUNG

ISBN: 978-0994853318 (Taschenbuch)

ISBN: 978-0994853394 (Gebundene Ausgabe)

Auf Amazon.de: http://amzn.to/22FlloI

Mit anwaltsgeprüftem Mustermietvertrag

Dieser Ratgeber hilft mit umfassenden Informationen und praktischen Tipps, die Vermietung professionell anzupacken. Er führt verständlich in die praxisrelevanten Grundlagen des Mietrechtes ein und leitet daraus strategische Empfehlungen ab.

- Anwaltsgeprüfter Mustermietvertrag und zahlreiche Mustertexte für die praktische Umsetzung
- Strategien für die richtige Mieterauswahl
- Muster für professionelle Nebenkostenabrechnung
- Mieterhöhungen durchsetzen & Mietminderungen abwehren
- Entschärfung von Konfliktherden mit Mietern

Dieses Buch ist die 2. überarbeitete und aktualisierte Auflage 2017.

Was Leser über das Buch meinen:

Leicht verständlich und übersichtlich

"Dieser Vermietungsratgeber ist leicht verständlich geschrieben und sehr gut gegliedert. Es packt alle Themen an. Hilfreich ist auch das Mietvertragsmuster. Rundum empfehlenswert."

IMMOBILIEN STEUEROPTIMIERT VERSCHENKEN & VERERBEN

ISBN: 978-0994853370 (Taschenbuch)

ISBN: 978-0994853349 (Gebundene Ausgabe)

Auf Amazon.de: http://amzn.to/2cAaoPs

Erbfolge durch Testament regeln & Steuern sparen mit Freibeträgen & Schenkungen von Häusern & Eigentumswohnungen

Bei der Übertragung von Immobilien auf die kommende Generation muss vieles bedacht werden. Dieser Ratgeber zeigt Ihnen praxisorientiert und einfach verständlich, wie Sie Fehler vermeiden und die Gestaltungsspielräume optimal ausnutzen. Dabei geht es nicht nur um die Einsparung von Erbschafts- und Schenkungssteuern, sondern auch um eine optimale Gestaltung der Erbfolge zur Realisierung der folgenden Zielsetzungen:

- Optimale Gestaltung des Testamentes zur Übertragung von Immobilienvermögen
- Optimale und mehrfache Ausnutzung von Steuerfreibeträgen durch Schenkungen
- Absicherung des Schenkers und Senkung des steuerpflichtigen Übertragungswertes durch Nießbrauch, Wohnrecht und Leibrente

DIE GESETZE VON ERFOLG & GLÜCK

ISBN: 978-3947201013 (Taschenbuch)

ISBN: 978-3947201136 (Gebundene Ausgabe)

Auf Amazon.de: http://amzn.to/2pPSAAm

Ihr Weg zu finanzieller Freiheit & Zufriedenheit

Es ist die Frage der Fragen: Wie wird man als Mensch erfolgreich und glücklich?

Der self-made Millionär und Bestsellerautor Goldwein gibt Antworten und verrät in diesem Buch die Geheimnisse seines phänomenalen Erfolges. Innerhalb weniger Jahre ist der gelernte Jurist mit Kapitalanlagen in Immobilien Millionär geworden und darüber hinaus zu einem der erfolgreichsten Sachbuchautoren in Deutschland aufgestiegen. Er hat mit seinen Ratgeberbüchern viele Leser begeistert und zu wirtschaftlichem Erfolg geführt.

Aus dem Inhalt:

- Selbsterkenntnis als Schlüssel zum Erfolg
- Wege in die finanzielle Freiheit
- Chancen erkennen & nutzen
- Steigerung der Effizienz mit einfachen Mitteln
- Steigerung der Lebensqualität & Zufriedenheit
- Mehr Erfolg bei weniger Stress
- Unabhängigkeit & Freiheit erlangen

FERIENIMMOBILIEN IN DEUTSCHLAND & IM AUSLAND

ISBN: 978-3947201150 (Taschenbuch)

ISBN: 978-3947201167 (Gebundene Ausgabe)

Auf Amazon.de: http://amzn.to/2i2pwHi

Erwerben, Selbstnutzen & Vermieten

Viele Menschen träumen von einer eigenen Ferienimmobilie in Deutschland oder im Ausland. Dieser Ratgeber zeigt Ihnen, worauf es beim Erwerb und bei der Finanzierung ankommt und wie Sie Fehler vermeiden.

Sie erfahren ganz konkret:

- Kriterien für die Auswahl der Ferienimmobilie
- Kriterien für die Auswahl des Standortes
- Ermittlung des angemessenen Kaufpreises
- Rechtssicherer Erwerb im Inland und im Ausland
- Eliminierung typischer Fehlerquellen
- Eigennutzung und Vermietung der Ferienimmobilie
- Ferienimmobilie als Kapitalanlage
- Steuerrechtliche Fragen bei Erwerb und Vermietung
- VISA-Anforderungen bei Auslandsimmobilien

Der Bestsellerautor Goldwein ist gelernter Jurist und hat in drei Staaten in drei Sprachen studiert. Er beschäftigt sich seit fast 20 Jahren professionell mit Immobilien und ist selbst Eigentümer von Ferienimmobilien in Deutschland, Spanien und Florida. Mehrere seiner Bücher sind Bestseller Nr. 1 bei Amazon und haben zahlreiche Leser begeistert und zum Erfolg geführt.

FERIENIMMOBILIEN IN SPANIEN

ISBN: 978-3947201211 (Taschenbuch)

ISBN: 978-3947201228 (Gebundene Ausgabe)

Auf Amazon.de: http://amzn.to/2wqBhgd

Erwerben, Selbstnutzen & Vermieten

Viele Menschen träumen von einer eigenen Ferienimmobilie in Spanien. Dieser Ratgeber zeigt Ihnen, worauf es beim Erwerb und bei der Finanzierung ankommt und wie Sie Fehler vermeiden.

Sie erfahren ganz konkret:

- Kriterien für die Auswahl der Ferienimmobilie
- Ermittlung des angemessenen Kaufpreises
- Rechtssicherer Erwerb in Spanien
- Eliminierung typischer Fehlerquellen
- Eigennutzung und Vermietung
- Ferienimmobilie in Spanien als Kapitalanlage
- Steuerrechtliche Fragen bei Erwerb und Vermietung
- VISA-Anforderungen für langfristige Niederlassung

Der Bestsellerautor Goldwein ist gelernter Jurist und hat in drei Staaten in drei Sprachen studiert. Er beschäftigt sich seit fast 20 Jahren professionell mit Immobilien und ist selbst Eigentümer von Ferienimmobilien in Spanien, Deutschland und Florida. Mehrere seiner Bücher sind Bestseller Nr. 1 bei Amazon und haben zahlreiche Leser begeistert und zum Erfolg geführt.

FERIENIMMOBILIEN IN DEN USA

ISBN: 978-3947201235 (Taschenbuch)

ISBN: 978-3947201242 (Gebundene Ausgabe)

Auf Amazon.de: **http://amzn.to/2h3um77**

Erwerben, Selbstnutzen & Vermieten

Viele Menschen träumen von einer eigenen Ferienimmobilie in den USA. Dieser Ratgeber zeigt Ihnen, worauf es beim Erwerb und bei der Finanzierung ankommt und wie Sie Fehler vermeiden.

Sie erfahren ganz konkret:

- Kriterien für die Auswahl der Ferienimmobilie
- Kriterien für die Auswahl des Standortes
- Ermittlung des angemessenen Kaufpreises
- Rechtssicherer Erwerb in den USA
- Eliminierung typischer Fehlerquellen
- Eigennutzung und Vermietung
- Ferienimmobilie als Kapitalanlage
- Steuerrechtliche Fragen bei Erwerb und Vermietung
- VISA-Anforderungen in den USA

Der Bestsellerautor Goldwein ist gelernter Jurist und hat in drei Staaten in drei Sprachen studiert. Er beschäftigt sich seit fast 20 Jahren professionell mit Immobilien und ist selbst Eigentümer von Ferienimmobilien in den USA, Deutschland und Spanien. Mehrere seiner Bücher sind Bestseller Nr. 1 bei Amazon und haben zahlreiche Leser begeistert und zum Erfolg geführt.

Lightning Source UK Ltd.
Milton Keynes UK
UKHW022316290721
388013UK00002B/357

9 783947 201341